LE REFUGE
DES FILLES REPENTIES

Notice Historique

SUR LA MAISON DE MARSEILLE

depuis le XIVe siècle jusqu'à nos jours

PAR

L'Abbé PAYAN D'AUGERY

Vicaire général

DEUXIÈME ÉDITION

MARSEILLE
IMPRIMERIE MARSEILLAISE
Rue Sainte, 39

1900

LE REFUGE
DES FILLES REPENTIES

Notice Historique

SUR LA MAISON DE MARSEILLE

depuis le XIV° siècle jusqu'à nos jours

PAR

L'Abbé PAYAN D'AUGERY

Vicaire général

DEUXIÈME ÉDITION

MARSEILLE
IMPRIMERIE MARSEILLAISE
Rue Sainte, 39

1900

A la mémoire de ma pieuse et charitable mère,
A. PAYAN D'AUGERY, née SAUVAIRE,
associée, dès la première année, à l'Œuvre du
Refuge, après la Mission de 1820.

A. P. D'A.

Vu et permis d'imprimer :
MARSEILLE, *le 1ᵉʳ Mars 1900*
D. CASTELLAN, v. g.

PRÉFACE

Le monastère du Refuge célébra, en 1888, sous la présidence de Mgr Robert, évêque de Marseille, son protecteur bienveillant et dévoué, les fêtes de son cinquantenaire. Quelque temps auparavant, M. le vicaire général Payan d'Augery, qui en fut toujours l'ami dévoué et le protecteur infatigable, avait préparé cet heureux jubilé en publiant une notice historique. Cette monographie est, à la fois, le résumé complet de nos annales et l'une des pages les plus intéressantes de l'histoire de la charité à Marseille depuis les temps les plus reculés. L'édition en étant épuisée, nous croyons répondre aux désirs de nos bienfaiteurs et contribuer au bien de notre œuvre en publiant une seconde fois ce pieux travail.

Que le Cœur sacré de Jésus, protecteur des enfants du Vénérable Père Eudes, abri tutélaire des âmes repentantes, touche le cœur de ceux qui liront ces pages en faveur de nos Refuges.

LE REFUGE
DES FILLES REPENTIES

CHAPITRE PREMIER

La Maison des Filles repenties depuis sa fondation par les échevins de Marseille jusqu'à la Révolution française. — 1381-1794.

Le plus ancien vestige historique d'une maison de Refuge pour les filles repenties à Marseille nous a été conservé par l'*Almanach historique* de Grosson : « En l'an 1381 quelques personnes du sexe, qui avaient renoncé aux débauches et vanités du siècle, demandèrent au Conseil de la Communauté de leur acheter une maison pour y faire pénitence le reste de leurs jours. Le Conseil leur accorda leur demande, et cet établissement eut lieu ; il subsista *quelque temps*. En souvenir des actes de 1383, dans lesquels il est fait mention de la *Rue des Repenties*, parce que la maison de celles-ci était derrière l'hôpital des Pèlerins, au même endroit où est aujourd'hui (1771) le premier monastère de la Visitation. »

Combien de temps et en quelle forme subsista cette utile institution ? Nous l'ignorons ; les actes manquent pour nous l'apprendre, et ce n'est que deux cent cinquante ans plus tard, vers le milieu du XVIIme siècle, que cette pieuse institution apparaît de nouveau. Dès lors nous pouvons en suivre l'histoire et c'est le but que nous nous sommes proposé.

Au lendemain des désastres publics, les gouvernants, dans leur sollicitude, se hâtent de relever les ruines, et de soulager le malheur ; mais s'ils sont vraiment chrétiens, leur sagesse plus hautement inspirée se tourne vers Dieu ; elle s'efforce d'éviter le retour de ses vengeances, en proscrivant le crime qui en provoque les rigueurs et en ouvrant un asile accessible au repentir. De cette pensée réparatrice naquit l'institution du Refuge à Marseille, en 1630.

Une peste terrible venait de décimer la population de cette ville, que son commerce mettait en rapport avec toutes les contrées de l'Orient. On y vantait l'importance de ses relations et, par une conséquence funeste de la richesse, son amour du plaisir. Quand la main de Dieu se fut longuement appesantie sur elle, ses échevins, ayant reconnu dans le fléau l'action de la Providence qui afflige pour guérir et s'étant agenouillés aux pieds des autels, jurèrent de fonder une maison de refuge pour les pécheresses qui avaient pu exercer une influence malheureuse sur les mœurs publiques, et, le 10 novembre 1630, ils votèrent dans ce but une somme de 9.000 francs.

Aux yeux de ces chrétiens éclairés, de ces vrais magistrats, l'entreprise avait un tel caractère social qu'ils en considérèrent la fondation comme leur droit le plus noble à la gratitude de leurs concitoyens. Ayant aménagé l'établissement destiné au repentir, dans un local presque contigu à la collégiale de Notre-Dame des Accoules, ils joignirent à leur titre d'échevins celui de *fondateurs et recteurs perpétuels* de la maison des Filles repenties sous le titre de Sainte-Madeleine. Mgr de Loménie, évêque de Marseille, leur promit une paternelle protection.

Pénétrés de l'importance de leur entreprise, ils écrivirent en Espagne au R. P. François Jean de l'Enfant-Jésus. Ce religieux, de l'Ordre des Carmes déchaussés, avait naguère, à la suite d'une terrible épidémie, fait avec succès une tentative semblable. Les plans de ce homme de Dieu, promptement communiqués par les jurés espagnols, furent aussitôt mis en vigueur par les Echevins. Trois femmes de conduite irréprochable, avec le titre de Directrice, d'Econome et de Tourière, furent placées à la tête de la maison des *Repenties*. Une fois par semaine, les Echevins venaient surveiller le fonctionnement, écoutant les désirs des pénitentes, et affermir à leurs yeux par leur respectueuse sollicitude l'autorité des surveillantes.

Marseille préludait ainsi, douze ans par avance, aux admirables asiles que l'apôtre de la Normandie, le Vénérable P. Jean Eudes, allait ouvrir à la pénitence. La Communauté de la Ville ratifia la fondation des Echevins ; elle était en effet, pour nos pères, un mémorial des châtiments de Dieu et le témoignage permanent des promesses faites à Dieu par la Cité repentante, Aussi, tandis que le budget municipal consacrait chaque année 1200 livres, sur les deniers royaux, à l'entretien de la *Maison Sainte-Madeleine*, la pieuse libéralité du peuple venait à son aide par de fréquentes aumônes de toutes sortes.

Quelle que fût la sagesse qui eût présidé au choix des trois personnes chargées de surveiller la *Maison Sainte-Madeleine*, les Echevins comprirent bientôt que pour avoir une stabilité qui fût le garant de leur persévérance dans le dévouement il fallait faire appel à une communauté religieuse. A leur demande Mgr de Loménie s'adressa aux Sœurs du Bon-Pasteur d'Aix, qui ne tardèrent pas à se rendre à l'appel du prélat.

A mesure que la fondation s'établissait sur des bases plus solides, la pensée du bien public qui en avait inspiré l'idée se dégageait de plus en plus. Les Echevins n'avaient pas voulu faire de ce monastère un lieu de captivité pour le vice obstiné, mais une paisible retraite, dans laquelle l'influence de soins maternels pût amener au repentir des âmes momentanément égarées, ou arrêter sur le bord de l'abîme celle que de précoces imprudences y avaient conduites. Il importait, dans ce but, de mettre à l'écart promptement les femmes sans pudeur, pour qui le libertinage était un calcul ; on ouvrit pour elles, en 1640, une maison de force sous le nom de *Maison de Saint-Joseph*.

Les heureux fruits de cette séparation et la pieuse influence exercée par les Sœurs du Bon-Pasteur apparurent aussitôt. Aux vertus pratiquées dans la *Maison Sainte-Madeleine*, à l'héroïsme des pénitences les plus austères joyeusement et librement acceptées par les pénitentes, on reconnut la vérité de cette parole de nos Saints Livres « que sous l'action de Dieu il n'y a point de plaie incurable, et que tout cœur est susceptible de conversion ». Il avait suffi de faire pénétrer jusqu'à ces cœurs meurtris la voix de la miséricorde pour les réhabiliter à leurs propres yeux en leur donnant la conviction qu'il n'est jamais trop tard pour bien faire.

Ces merveilles de la grâce, nul ne les contemplait de plus près et ne s'en réjouissait davantage que les nobles échevins, dans leurs fréquentes et paternelles visites. Mais qui dira leur admiration et leur joie, quand, vingt-cinq ans à peine après la fondation, en 1655, plusieurs pénitentes leur déclarèrent que leur nouvelle vie au Refuge avait de tels charmes, qu'elles voulaient à tout jamais mourir au monde, se fixer dans leur asile par des vœux, désirant faire du costume religieux qu'elles sollicitaient la sauvegarde et le soutien pour leur persévérance.

Nobles Antoine de Moustier, Jean Louis de Faudran et André Burle firent connaître à Mgr Etienne de Puget, évêque de Marseille, ce triomphe de la grâce et lui transmirent les désirs des pauvres samaritaines.

Le prélat vint constater, à plusieurs reprises, le fonctionnement régulier de la Maison, les saintes dispositions des pénitentes et il composa, pour répondre à leur attente, un petit chef-d'œuvre d'ascétisme, sous le nom de *Règles et Constitutions pour les Filles repenties de Sainte-Madeleine de la Ville de Marseille* (1). Ces règles établissaient dans la maison

(1) Imprimé chez F. Mérand à Avignon, en 1658.

quatre catégories distinctes : la plus nombreuse, celle des *Séculières* qui, après un temps de retraite, comptaient rentrer amendées dans leurs familles ; celle des *Prétendantes*, qui voulaient essayer une vie plus parfaite, s'initier aux pratiques des austères *Madeleines*. Si on les y reconnaissait impropres ou si elles renonçaient à leur premier projet, on les ramenait avec les *Séculières* ; enfin la classe des *Novices* conduisait, après deux ans d'épreuves et sous un costume religieux, à la profession des *Madeleines*.

Bientôt chacune de ces classes compta de nombreuses filles, et Marseille suivit avec joie le développement d'une création qui donnait de tels résultats.

Mais le mandement par lequel Mgr Etienne de Puget avait promulgué ces règles, à la demande expresse, déclare-t-il, des nobles Echevins, admettait deux dispositions qui devaient un jour ruiner par sa base l'œuvre si péniblement élaborée. D'une part, les Echevins conservaient le droit d'entrer librement dans les classes de la maison. Cette vue de séculiers, allant et venant, ne devait-elle pas rendre aux recluses volontaires la pensée et par suite le désir de la liberté et du monde ? D'autre part, les *Madeleines* étaient admises à exercer l'autorité sur leurs compagnes et à participer à la gestion de la maison. L'âme déchue a besoin d'être relevée à ses propres yeux, mais il faut que sa position la maintienne dans une perpétuelle humilité, qui lui fasse tenir compte de son passé ; ajoutons que la seule autorité que le vice consente à accepter, c'est celle d'une vertu indiscutable, à laquelle il ne puisse jamais dire : « Que me reprochez-vous ? vous êtes tombée comme moi. »

Il semble que la considération de ces graves inconvénients si faciles à discerner, grâce aux constitutions si sages qui régissent nos Refuges, échappèrent au Prélat et aux Echevins et que leurs funestes effets ne se manifestèrent pas dans les premiers temps.

En effet, le régulier fonctionnement de la *Maison Sainte-Madeleine* à cette époque ressort des lettres patentes qui lui furent données par le roi en 1686, et qui lui accordaient une rente de 2.800 livres à prendre sur les deniers publics.

Un autre fait relaté dans les actes administratifs, et qu'il est bon de consigner à l'honneur d'une famille qui compte encore parmi nous de nobles et généreux représentants, est la donation faite à cette Œuvre, en 1685, d'une somme de 18.000 livres, par Mme la baronne de Trets, de la maison de Foresta. Grosson, parlant cent ans plus tard de cette bienfaitrice, écrivait : « La maison actuelle des Repenties doit beaucoup aux libéralités de cette dame. »

Mais, à une date que ne nous précisent pas les archives, les Echevins, circonvenus sans doute par les démarches de quelques pénitentes, ou peut-être obéissant, sans s'en rendre compte, à une partialité bien excusable en faveur d'une forme religieuse dont ils étaient les auteurs, usèrent de l'autorité qui leur était laissée de choisir la supérieure et élevèrent à cette dignité une des Sœurs Madeleines. Soumettre de vraies et pieuses religieuses au commandement d'une fille convertie par elles, n'était-ce pas amoindrir sans retour leur autorité aux yeux des autres ? Combien pourrait durer, entouré de respect, un pouvoir méprisé dans son origine ? Bientôt, sentant s'affaiblir le frein du commandement, les filles des diverses classes furent moins exactes dans l'observance des règlements ; la clôture fut mal gardée ; de graves désordres furent signalés. Quand les Echevins connurent cet état de choses, trop de bruit avait été fait dans la ville, pour que l'opinion publique, désormais aussi implacable pour cette maison qu'elle lui avait été sympathique, fût changée par la démission volontaire d'une supérieure au-dessous de sa tâche. Ces faits devaient se passer à la fin du XVII⁰ siècle ; une pièce comique, écrite en provençal par le chevalier Darvieu, ami de l'abbé Bougarel, aumônier de la *Maison des Madeleines*, parut à cette époque ; elle était intitulée : *Le nouveau Lutrin, ou l'évasion des filles du Refuge de Marseille ;* or, le chevalier Darvieu, qui y jouait lui-même un rôle grotesque, étant mort en 1702, c'est avant cette époque qu'il faut placer les faits scandaleux qui inspirèrent sa verve et dont la répression exigea le concours de la force armée.

Les documents font défaut pour établir si la *Maison des Madeleines* se releva du discrédit dans lequel ces événements l'avaient fait tomber.

Cependant Marseille, avec sa population toujours grandissante, ne pouvait se priver longtemps d'une pareille institution. *Le Calendrier spirituel et perpétuel pour le diocèse de Marseille*, publié en 1713 chez la veuve H. Brébion, désigne à l'article : *Troisième paroisse, Les Accoules* : « la maison des Repenties,

« fondée le 24 juin 1630, après un vœu que la ville
« fit à l'occasion de la peste qui avait fait mourir plus
« de 8.000 personnes. L'on y reçoit les femmes et
« filles, qui, par un esprit de pénitence, et après un
« égarement, souhaitent d'y entrer, sans que personne
« les y oblige. » Malheureusement, ce précieux
annuaire omet d'indiquer quel était, à cette époque, le
nombre des *Repenties* et surtout, ce qui aurait augmenté
l'intérêt de cette notice, quelle communauté religieuse
en avait repris le gouvernement.

La peste de 1720 devait, comme celle de 1630,
solliciter le peuple de Marseille à la pénitence, et à
l'amendement des mœurs publiques. Le divin Cœur
de Jésus choisit comme interprète de ses désirs
l'angélique visitandine Anne Madeleine de Rémusat.
C'est un fait acquis à l'histoire, qu'à la suite de plusieurs
révélations, elle notifia à Mgr de Belsunce, et par lui
aux Echevins, les desseins miséricordieux de Notre-
Seigneur. Dieu n'avait frappé si fort que pour réfor-
mer l'inconduite d'un grand nombre et bannir à jamais
de la population les plaisirs criminels.

Fidèles à la révélation qui leur était faite, les nobles
Echevins voulurent favoriser, comme leurs ancêtres,
la maison des Filles Repenties, et reprenant un usage
interrompu depuis quelques années, ainsi que nous
l'apprend M. Régis de la Colombière, ils vinrent, le
22 juillet 1727, y entendre la sainte messe.

L'illustre évêque de Marseille, Belsunce, ne devait
pas rester en arrière dans ce mouvement de ferveur.
Après avoir donné en 1739 de nouveaux règlements à la
maison de force dite Saint-Joseph du Refuge, il

sanctionna, en 1748, le règlement que lui présentèrent *Messieurs les Recteurs des Filles Repenties*.

Il nous a paru bon de conserver, dans cette notice, les noms de ces hommes, qui ajoutèrent à la noblesse de leur naissance le glorieux renom de leur charité. Pendant un demi-siècle, de 1754 à la Révolution, ils furent les pères et les bienfaiteurs de cette précieuse institution. Les archives de la charité marseillaise témoignent de l'honneur singulier qu'attachaient les personnages les plus éminents au soin de l'Œuvre des Repenties, de préférence à toutes les œuvres charitables de la cité.

Au moment où Mgr de Belsunce, par de sages règlements, s'efforçait de prémunir le Refuge contre les misères du passé, le grand évêque tourna ses regards vers Caen, où, sous l'inspiration ardente du Père Eudes, avait pris naissance, en 1641, l'admirable institut de Notre-Dame de Charité pour la direction des Filles repenties. Les circonstances lui venaient en aide : il connaissait personnellement la supérieure générale, la Révérende Mère-Marie Catherine de Camilly, petite-fille de la fondatrice. Nous l'apprenons par une lettre qu'il lui adressa le 3 décembre 1722 ; mais, malgré la requête d'un tel prélat, notre ville devait attendre pendant cent treize ans encore la communauté qui donnerait à cette institution une stabilité et surtout une paix définitives.

A défaut des filles du Père Eudes les dames Bernardines furent chargées de la surveillance ; c'est ce que nous révèle le *Calendrier spirituel* de 1759, dans lequel Mme Saint-André, religieuse bernardine, figure avec le titre de supérieure de la Maison des Filles de la Madeleine, Mme Sainte-Anne avec celui d'assistante.

Les annales sont muettes sur les faits qui suivirent cette réorganisation, mais les archives départementales nous apprennent que la Révolution déchaînée en 1793 trouva au Refuge un personnel de 18 religieuses, ce qui suppose une population de pénitentes considérable.

La municipalité, malgré l'exaltation des esprits, leur était évidemment favorable. Par délibération du 16 août 1792, elle alloua à chacune des Sœurs une pension de 500 livres. Notons aussi ce fait précieux, en faveur de l'orthodoxie de la communauté durant ces jours d'universelle apostasie; l'édilité, peu avant de fermer leur chapelle, le 13 mai 1791, ayant réclamé la sonnerie des cloches pour l'arrivée de Roux, l'évêque intrus, les Sœurs répondirent avec l'indépendance de la foi, que leurs cloches sonneraient parce que c'était un jour de fête civile, et non pas en l'honneur de l'intrus, leur conscience ne leur permettant de reconnaître comme évêque que Mgr de Belloy.

Avec le déchaînement des passions politiques et des instincts les plus sanguinaires, les maisons de Refuge ne pouvaient plus subsister; l'évangile des Droits de l'homme ouvrit les portes du couvent de Marseille; le Culte de la Raison vint peut-être y chercher ses déesses ou tout au moins ses adeptes.

Toujours est-il qu'en vertu d'un arrêté de l'an II de la République, un officier municipal enjoignit « aux religieuses du couvent des Repenties de quitter leurs habits de religieuses et de sortir de leur maison le 1er jour de la prochaine décade »; l'arrêté ajoutait :

« un fonctionnaire se tiendra à la porte pour empêcher d'enlever aucun effet. » La municipalité déclarait de plus que ses représentants devenaient les recteurs de cette maison.

Les dix-huit religieuses qui la peuplaient se dispersèrent, sans qu'il nous soit possible d'indiquer les asiles qu'elles cherchèrent. Quant à la supérieure, elle fut reçue comme religieuse de chœur au monastère de la Visitation, où son repos ne fut pas de longue durée. Cette sainte maison, où Notre-Seigneur avait révélé les miséricordes de son Divin Cœur, aurait dû survivre comme un phare d'espérance au milieu de tant de tempêtes : la République le ferma.

Jetons un voile sur ces temps de funestes vertiges et de honte nationale.

CHAPITRE II.

Nouveaux essais du Refuge après la grande Mission
(1820-1837)

On a dit avec raison que de tous les fléaux, les plus terribles ne sont pas ceux que la justice divine envoie pour punir les nations, mais bien ceux qui, comme la guerre civile, naissent de la malice des hommes. La France et en particulier Marseille venaient d'en faire l'expérience. Depuis 1793 les orgies et les massacres avaient moissonné plus de monde que les pestes de 1630 et de 1720. La guerre, devenue européenne sous Bonaparte, avait décimé toutes les familles et anéanti le commerce de notre ville. Nous n'avons pas à redire avec quel enthousiasme fut salué le gouvernement réparateur qui mettait un terme à tant de désastres. Mais dans le délire d'une sorte de résurrection sociale, on songea plus à la joie qu'à se prémunir par la réforme des mœurs contre le retour de semblables malheurs. La religion vint alors faire entendre la voix de la pénitence et en 1820, les Missionnaires de France prêchèrent à Marseille la nécessité de la conversion pour écarter les colères de Dieu. Le souvenir de la célèbre mission donnée par les PP. Rauzan, Guion, de Forbin, etc., est encore dans tous les esprits.

Or, de même qu'après la peste, la Religion avait dit : « Enfermez le vice afin qu'il ne vienne plus amollir des volontés encore débiles », après la mission, elle répéta : « Ouvrons des asiles au repentir pour qu'ils éloignent les occasions de chute pour les nouveaux convertis ». De cette pensée naquit la nouvelle Maison du Refuge. Le R. P. de Forbin, qui poussa le premier ce cri, n'eut garde d'oublier les leçons de l'expérience : d'une part, cette Œuvre avait sombré sous le mépris public ; de l'autre, l'introduction trop directe des Echevins et les mesures répressives lui avaient donné un caractère de maison de force, qui avait aliéné l'esprit des pénitentes ; il fallait donc la réhabiliter aux yeux de la cité en lui constituant pour protectrice les dames les plus estimées, et offrir aux pénitentes l'attrait d'une sollicitude maternelle. Tout à cette idée, le zélé missionnaire rassemble 120 dames qui forment l'élite de la société ; il leur expose la nécessité d'un Refuge, projet qu'il avait déjà indiqué du haut de la chaire et qui, — chose inouïe, pour cette parole toujours si bien accueillie, — avait provoqué de la part de l'auditoire des gestes de dénégation : il leur montre que c'est à elles qu'il appartient de remettre en honneur cette fondation si conforme aux desseins et à l'amour du Cœur de Jésus. Sous l'influence de ce plaidoyer brûlant, les 120 dames présentes se font inscrire comme fondatrices ; l'éloquence du P. de Forbin triomphe des répugnances de Mgr l'archevêque d'Aix. Nouvelle victoire : il obtient de l'administration des hospices qu'elle affecte gratuitement à l'Œuvre l'ancien local de la *Maison des Madeleines*, devenu depuis le commencement du siècle un annexe de l'hospice de la Charité, mais comme elle est dans un état de délabrement déplorable, les hospices prêteront le mobilier indispensable.

Toutefois, les réparations nécessaires ne se faisant qu'avec lenteur et ajournant outre mesure la création du Refuge, le P. de Forbin, par un de ces coups hardis qui brusquent tout, et réussissent quelquefois parce que c'est Dieu qui les conseille et les bénit, se sert d'un petit nègre, ramené de ses courses apostoliques, pour grouper d'une manière vraiment miraculeuse et en un seul jour douze pauvres pécheresses. Conduites à la maison des missionnaires, elles les trouvent en habit de chœur et dans l'attitude de la prière : là sont les RR. PP. Dorlin, Desmarais, Back, Guion, de Mazenod. Sans leur donner le temps de revenir de leur surprise en se voyant dans une telle compagnie, l'apôtre leur révèle, dans une allocution véhémente, l'état de leur âme et les divines prévenances de la grâce pour leur salut ; il jure de leur servir de père et de leur donner de véritables mères, si elles consentent à mieux vivre. Sous l'action de Dieu, les douze pécheresses fondent en larmes et demandent, sans retard, un abri. Vrai prodige ! On leur permet de retourner, pour prendre leurs vêtements, dans les lieux infects d'où elles sont sorties à l'improviste, et pas une seule ne manque au rendez-vous.

Les pénitentes étaient prêtes, leur asile ne l'était pas : pour les premiers jours *l'hôtel des Deux-Pommes* sur le Cours, et celui de *la Croix de Malte* les reçurent, et Dieu seul sait à quelles rudes épreuves leur conversion y fut exposée. Elles en triomphèrent d'une façon héroïque, et bientôt, grâce aux incessantes démarches du P. de Forbin, l'ancien local des *Madeleines* leur était ouvert et l'Œuvre du Refuge définitivement fondée. Il fallait, pour éviter tous les désordres qui l'avaient ruinée au siècle précédent, lui donner une direction éclairée et dévouée. Une communauté pouvait seule offrir les garanties de désintéressement et de maternité que réclamait un tel apostolat. Le Conseil à peine formé était composé de Mesdames d'Hautefort, baronne de Damas, présidente ; comtesse de Villeneuve, vice-présidente ; comtesse de Grimaud et marquise de Trans, assistantes ; marquise de Montgrand et comtesse de Panisse, trésorières ; Martin-Audibert et Pagliano-Castellan, secrétaires. Etaient conseillères : Mesdemoiselles Pauline de Malijay, Lazarine du Demaine, Mesdames d'Herculez, de Béchard, de Lombardon, Roux-Aillaud. Le Conseil comprit ce que réclamait la fondation nouvelle et dès le mois d'avril il envoya une requête instante aux maisons de Refuge établies à Lyon et à Paris et dirigées par les Sœurs de Notre-Dame de Charité fondées par le P. Eudes en 1641.

Ce n'était point sans raison que ces dames frappaient de préférence à la porte de cet institut. Elles n'ignoraient pas qu'il avait été spécialement créé pour la direction de ces sortes d'établissements, par une vocation particulière et avec des règlements conciliant la douceur avec la fermeté. Mais la famille du P. Eudes avait été décimée par la révolution, comme la plupart des communautés religieuses, et quand on s'adressa à elle, le nombre des sujets était loin de répondre aux immenses besoins moraux d'un grand pays. Le 6 juillet, un refus définitif, basé sur le manque de vocations, enlevait tout espoir aux dames patronnesses.

Il fallait pourtant donner des surveillantes aux pauvres *Madeleines* : trois femmes du quartier Saint-Jean furent choisies. On détermina leur situation pécuniaire. Mais leur humeur et leur délicatesse ne correspondaient pas à leur vertu : elles manquaient de bonne entente entre elles et de douceur avec leurs pensionnaires.

Cette situation ne pouvait se prolonger sans compromettre l'Œuvre naissante : le Conseil, représenté par Mme la baronne de Damas, sa présidente, tourna alors ses regards vers la congrégation des Sœurs de la Sagesse, que M. Deshayes avait établie à Bordeaux. Après plusieurs démarches infructueuses, trois Sœurs furent accordées et vinrent prendre possession de la maison de Marseille, le 20 mai 1821 : M. Gauthier fut nommé supérieur, le P. Back, confesseur des pénitentes. Quant aux dames conseillères, non contentes de s'assembler deux fois par mois pour délibérer des intérêts de leurs chères protégées, elles venaient fréquemment les visiter et, poussant plus loin leur sollicitude, on en vit plusieurs, comme Mme de Lombardon, aider l'action des Sœurs et se faire de temps en temps maîtresses d'ouvrage, pour leur apprendre à trouver dans le travail de l'aiguille un remède salutaire contre la paresse.

Rien n'est émouvant comme la lecture des comptes rendus présentés aux assemblées générales par l'intrépide secrétaire, Mme Martin-Audibert : on y suit les développements providentiels de l'Œuvre, les entraves qu'elle rencontre; on y voit comment un économe établi par M. de Forbin trompe la confiance et dilapide les deniers, hélas ! bien rares et difficiles à quêter ; les conseillères agissent auprès du Conseil municipal pour obtenir, non l'ancien protectorat des Echevins, mais une allocation de 3.000 francs, qui est votée le 31 mai 1820.

La question d'argent, toujours si importante dans une fondation de ce genre, n'était pourtant pas celle qui préoccupait le plus les patronnesses. Il fallait trouver à tout prix un personnel dirigeant. Dieu, qui, pour arriver à ses fins, sait paralyser les bras les plus actifs, n'accordait pas le succès, pour une œuvre si étrangère à leur institut, aux Sœurs de la Sagesse, partout ailleurs si justement appréciées. Leur supérieur, après avoir essayé des changements de personnes, se décida à rappeler toutes ses religieuses ; mais, par suite d'on ne sait quel malentendu, ce retrait, accompli d'accord avec le nouvel évêque de Marseille, Mgr Charles-Fortuné de Mazenod, s'opéra si subitement qu'il laissa le Conseil d'administration entièrement au dépourvu et sans aucune direction pour l'organisation de la Maison. Devant cette situation exceptionnellement délicate on recourut au provisoire. Trois Sœurs de la Miséricorde de Clermont, de passage dans notre ville, acceptèrent pour trois mois une gestion qui leur réservait de tels ennuis, qu'avant même l'expiration du délai par elles consenti, leur supérieur réclama leur départ.

Ce départ devança d'une semaine une mesure qui faisait entrer la marche de l'Œuvre du Refuge dans une phase toute nouvelle. L'administration des hospices avait maintes fois réclamé le local qu'il avait gratuitement cédé à l'Œuvre et qui lui devenait indispensable pour y établir le service de la Maternité. Comprenant les embarras qui allaient suivre ce déplacement, elle offrait pour les amoindrir un abandon au moins partiel du mobilier. C'est dans ces circonstances difficiles que le Conseil crut voir l'intervention divine dans la possibilité d'acquérir, moyennant quarante-huit mille francs, un vaste local, connu sous le nom de domaine du Refuge, et qui jusque dans ces derniers temps formait l'angle de la rue Paradis et de la rue Sainte-Victoire (1). Le Conseil municipal consentit à aider cette acquisition par l'avance de trente mille francs prêtés sans intérêts, mais garantissant à la Ville le droit sur l'immeuble pour une égale somme, si on venait à le quitter.

A mesure qu'allait expirer le séjour des Sœurs de la Miséricorde, les conseillères multipliaient leurs instances, les 20 mars et 15 avril, auprès des monastères de Notre-Dame de Charité de Caen et de Saint-Brieuc. Un moment, on put croire que cette dernière maison, plus riche en sujets, allait pouvoir répondre à de si pressants appels. La supérieure agonisante parut comme s'échapper des étreintes de la mort pour dicter la lettre qui stipulait les derniers accords. L'heure de la Providence n'était pourtant pas venue ; elle devait se faire attendre encore, pendant treize ans, pour montrer par une série d'essais et d'angoisses, quelle devait être la vraie organisation à donner au Refuge et quelles mains en assureraient le bon fonctionnement. Les der-

---

(1). Ce domaine, aujourd'hui démoli, a fait place à de superbes constructions élevées par Mme Prat-Noilly.

nières lettres échangées s'égarèrent en route ; ce long silence fit croire à une rupture des premiers rapports, et quand, tout s'expliquant, on voulut les reprendre, Saint-Brieuc avait disposé de ses religieuses pour un autre monastère et ne put en offrir à leur place.

Mgr Eugène de Mazenod, évêque d'Icosie, qui devait bientôt succéder à son oncle dans l'administration du diocèse de Marseille, et dont l'énergie de volonté grandissait devant les obstacles, loin de se décourager, comme le Conseil, en présence de ces réponses défavorables, s'occupa de chercher près de lui ce secours qui lui était refusé d'ailleurs. Il désigna trois Sœurs Hospitalières de Saint-Augustin, dont l'institut reconnaît pour fondateur le grand Belsunce, pour protecteurs directs les évêques ses successeurs, et pour champ d'apostolat, toutes les misères qu'offre la grande ville de Marseille où il prit naissance. Ce fut avec ces nouvelles mères, et sous l'escorte de cinq prêtres dévoués à la maison, en tête desquels marchaient M. Gauthier, le supérieur, M. l'abbé Gaspard Vignolo, qui allait en devenir le père et l'ami, M. l'abbé Plumier, confesseur des religieuses, que s'effectua la procession nocturne qui transférait les pénitentes dans le nouveau local. D'étranges émotions les y attendaient : des bruits, provenant peut-être des meubles mal assujettis, leur firent croire à une intervention diabolique, car cette maison avait servi jusqu'à ces derniers jours à une loge maçonnique, dont les symboles étaient encore épars sur le sol. Grâce à cette terreur, les émigrantes ne quittèrent pas la salle où on les avait groupées et oublièrent l'absence des couchettes qu'on n'avait pas eu le temps de transporter.

Tandis que les dames conseillères faisaient à l'immeuble les aménagements indispensables et bâtissaient une chapelle sur cet ancien temple du démon, admirablement aidées en cela par Mme de Saint-Mesme, qui, expérimentée comme un architecte, surveillait avec sagesse et économie les ouvriers, Mgr d'Icosie se trouvait en face d'un rude conflit avec les administrateurs des hospices. Ceux-ci lui reprochaient d'avoir imposé ses dispositions, sans les avoir consultés, à une partie du personnel des Sœurs. Bientôt, rendant le Refuge responsable de ce qu'ils appelaient un défaut de procédé, ils refusèrent le mobilier promis, entravèrent l'installation et en appelèrent au ministre, qui enjoignit de réintégrer les religieuses. Plus tard ces messieurs, satisfaits dans leur amour-propre, consentirent à céder trois autres Sœurs. Mais ce débat, bientôt connu dans la ville, avait suffi pour aliéner les esprits contre le Refuge. Plusieurs dames, sur l'injonction de leurs maris, tout en conservant leurs sympathies, durent renoncer à donner le concours de leur zèle et de leur fortune.

Cette mesure faillit ruiner à jamais la fondation de la rue Paradis : en effet, l'acte d'acquisition n'en était pas encore passé, et comment eût-on pu le faire si les dames conseillères eussent refusé leur nom ? Heureusement les préjugés se dissipèrent, et le notaire Bonsignour ayant dû exiger l'autorisation des maris, ceux-ci consentirent à cautionner l'acte d'acquisition signé par les dames les plus honorables de notre ville.

Le conflit survenu avec les Hospices prouvait toutefois qu'un jour ou l'autre les Sœurs Hospitalières pourraient être retirées et qu'il importait d'assurer à l'Œuvre un personnel qui fût à l'abri de pareilles exigences. Les conseillères s'adressèrent, mais sans succès, à Mme Lamouroux, supérieure des Sœurs de la Miséricorde de Bordeaux. Celle-ci offrit, avec une cordialité touchante, de former aux méthodes de son institut les novices qu'on lui enverrait, mais elle déclara qu'elle n'avait point de sujets disponibles. Après cette réponse défavorable, d'itératives démarches furent faites, mais en vain, dans les monastères de Notre-Dame de Charité.

C'est que, malgré leur dévoûment de tous les instants, les Hospitalières se sentaient impuissantes à remplir un ministère que de perpétuelles crises rendaient toujours plus ingrat. Elles conjuraient l'évêque de les rappeler dans leur premier emploi ; mais il ne suffisait pas de le vouloir pour permettre de les exonérer. Nulle part on ne trouvait de communauté qui acceptât de les remplacer. Une auxiliaire laïque, pieuse et charitable fille, leur avait été donnée, en 1827 ; mais le labeur était écrasant. Les Dames de Saint-Charles de Lyon répondaient, en 1828, aux avances qui leur étaient faites que, fondées pour l'enseignement, elles ne sauraient s'en détourner pour poursuivre un autre but. Les Hospitalières durent donc reprendre, avec un nouveau courage, un ministère qu'elles ne pouvaient passer à d'autres. Elles s'efforcèrent de se donner des aides pour suppléer à leur petit nombre, en choisissant comme sous-maîtresses les plus dociles de leurs pénitentes. Celles-ci, infatuées de cette autorité, en abusèrent pour tromper la confiance des dignes conseillères, toujours assidues dans la visite de la maison ; elles se plaignirent de leurs saintes directrices et obtinrent le renvoi du vertueux abbé Plumier, qui soutenait celles-ci dans leur apostolat de dévoûment. Sentant l'influence dont elles jouissaient, elles secouèrent bientôt le joug de l'obéissance et une émeute à l'intérieur ainsi que des tentatives d'évasion vinrent jeter encore de la défaveur sur cette Œuvre dont l'épanouissement était si difficile et qui, de plus en plus, réclamait une direction spéciale. Mme d'Escrivan, au nom du Conseil, fit, en 1829, une nouvelle tentative demeurée encore sans résultat auprès des Sœurs de Notre-Dame de Charité.

Devant un refus qui paraissait ne pas laisser d'espérance, pressées par les supplications des Sœurs de Saint-Augustin qui demandaient à retourner dans les Hospices où les rappelait sans cesse leur vocation personnelle, le Conseil se tourna du côté des Dames de Saint-Thomas de Villeneuve qui, en 1830, arrivèrent, au nombre de quatre.

C'était bien insuffisant pour la population toujours croissante des pénitentes ; car, au milieu des épreuves que rencontrait la direction de la maison, Dieu montrait toujours plus la nécessité de l'Œuvre en multipliant les pensionnaires. Qui pourra jamais redire les pieuses industries, l'admirable activité, la douceur maternelle avec lesquelles Mme Auban allait dans les maisons les plus mal famées et jusque dans les prétoires de la justice, disputer au vice ses victimes, puis les ayant placées au Refuge, les entourait d'une sollicitude qui triomphait bien vite des natures les plus perverses. Pour se créer des auxiliaires, la Mère Sainte-Croix s'adressa au monastère du Refuge d'Avignon, d'où elle obtint, sous le nom de Congréganistes, trois pénitentes parfaitement converties qui vinrent diriger le travail et rendirent de précieux services. Le R. P. Roger, des Pères de la Foi, et M. l'abbé Vignolo exerçaient une influence bien plus directe et bien plus salutaire par la direction des consciences. Le parti qu'on tirait des Congréganistes d'Avignon inspira au P. Roger la pensée de leur donner à Marseille des imitatrices sous le nom de *Madeleines* et, en 1832, il traça pour elles un règlement plein de sagesse, auquel on a dû les meilleurs résultats.

Quelques efforts que fissent les Sœurs de Saint-Thomas, quelque bien qu'elles eussent déjà opéré, Dieu, qui voulait donner à la maison du Refuge l'Institut fondé dans ce but, permit que bien des points laissassent encore à désirer, et pour les constater il envoya dans notre ville, en 1837, l'homme qui était le plus capable de les apprécier et d'en voir le remède : nous voulons parler de M. l'abbé Dufêtre, plus tard évêque de Nevers, alors vicaire-général de Tours et supérieur du monastère de Notre-Dame de Charité, où s'opéraient journellement des prodiges, grâce à l'excellence des méthodes.

Prié par le supérieur-même des Sœurs de Saint-Thomas, M. Jacquemet, son ami, de visiter la maison dont ses filles étaient chargées à Marseille, il ne tarda pas à constater ce qui était en souffrance, et quand, à la sollicitation de Mmes Martin-Audibert et Pagliano, il donna un sermon à Saint-Martin, le 14 février, en faveur du Refuge, on put voir quel amour il portait à cette fondation. Dans la visite de remerciements qui lui fut faite, il n'hésita pas cependant à déclarer qu'elle ne lui paraîtrait solidement viable que lorsqu'on la confierait aux Sœurs de Notre-Dame de Charité. Cette parole dévouée rendant du courage aux conseillères, les négociations furent reprises le 12 avril 1837 avec le monastère de Caen et, bientôt après, par M. l'abbé Dufêtre lui-même, avec celui de Tours, auquel la Providence réservait la gloire d'accepter cette maternité si féconde.

Si le rôle de M. l'abbé Dufêtre fut de reprendre les négociations avec la famille du P. Eudes, ce fut au nouvel évêque de Marseille, Mgr Charles-Eugène de Mazenod, fondateur du Refuge, en 1820, avec M. de Forbin, qu'échut le mérite de les faire aboutir en donnant à cet établissement son organisation définitive et d'introduire pour le diriger la communauté qui devait lui communiquer son esprit propre et en garantir la durée. Dans la visite de joyeux avènement que lui firent les conseillères, le 27 octobre, il déclara qu'il voulait que cet acte fût le premier de son administration et le 8 décembre 1837, ce prélat, qui allait abriter bientôt sous le manteau de Marie-Immaculée une légion de missionnaires qui fera éternellement sa gloire, voulut que la fête de cette bonne Mère assurât le succès de la démarche qu'il fit, au nom du bureau, pour obtenir une colonie du monastère de Notre-Dame de Charité de Tours.

Sa demande fut appuyée par le Conseil d'administration, alors composé ainsi qu'il suit : M. l'abbé

Blanc, recteur ; Mmes veuve Barbarin-Cailhol, présidente ; Albrand née Martin, Fine-Colomb, Michel-Colomb, Gavoty née Roux, Rocca, Moynier née Tocchi, d'Estienne, veuve Ventre, veuve d'Escrivan, Roussier, veuve de Guillaudon, Canaple-Chave, Pagliano, Castellan, conseillères ; veuve Martin-Audibert, secrétaire.

CHAPITRE III

Les Sœurs de N.-D. de Charité. — Organisation définitive. — 1838-1900.

L'enfer ne s'illusionnait pas sur le bien qu'opèreraient à Marseille les Sœurs de Notre-Dame de Charité ; on a pu en juger par les obstacles qu'il entassait depuis vingt ans pour entraver leur venue. Cette fois, les négociations paraissant prêtes à aboutir, l'esprit du mal multiplia plus que jamais ses efforts pour empêcher cette heureuse solution. Des calomnies répandues habiement contre M. l'abbé Dufêtre l'obligèrent, pour un temps, à suspendre ses puissantes démarches. A Aix, on ne sait quels faux renseignements fournis à Mgr l'archevêque, une bienveillance très légitime pour les Dames de Saint-Thomas de Villeneuve qu'il s'agissait de remplacer et dont la maison-mère est située à Aix, inspiraient à ce prélat très âgé l'opposition la plus absolue contre un changement dans le personnel, et notre diocèse, qui était sorti depuis dix ans à peine de sa paternelle dépendance, ne pouvait consentir à le contrarier pour une question de communauté.

Enfin, une dame conseillère du Refuge, agissant avec un zèle plus actif qu'éclairé, compliquait la situation déjà fort embrouillée en traitant avec les Dames du Bon-Pasteur d'Angers, auxquelles elle offrait sa maison en toute propriété si elles acceptaient de se rendre à à Marseille.

La Vierge Immaculée ne voulut pas se laisser vaincre par le démon, dont elle est la puissante triomphatrice, et, malgré ces contre-temps qui semblaient tout remettre en cause, dirigeant le cœur et la plume de Mgr de Montblanc, archevêque de Tours, elle lui suggéra de signer, le 30 décembre 1837, la lettre d'obédience qui autorisait sept Sœurs du monastère de cette ville à se rendre dans la nôtre pour y diriger le Refuge. Ces noms, si chers à la reconnaissance de tous, appartiennent à l'histoire religieuse de notre diocèse : on ne saurait les omettre dans cette notice.

Pour conduire la pieuse colonie la R. Mère Marie de Sainte-Victoire Houette, supérieure de la maison de Tours, fut désignée. C'est elle qui avait traité l'affaire, qui l'avait étudiée avec sa singulière sagesse et qui apporta à son heureuse issue ce grand esprit de foi, cette expérience administrative, cet amour de la règle qui donnèrent à l'Œuvre l'admirable vitalité qu'elle conserve encore après soixante deux années.

Sous sa direction partaient les Sœurs professes de chœur : Marie Saint-Dominique Bigot, Marie de la Présentation Goujon, Marie du Saint-Sacrement Peyrard, Marie-Angélique Goujon, Marie-Saint-Basile Breteau ; Sœur Saint-François-Régis Lemoine, novice de chœur, Sœur Saint-Julien Lemaire, novice converse, Sœur Adélaïde Girard, tourière.

En échangeant une dernière lettre avec les conseillères du Refuge, la R. Mère Marie de Sainte-Victoire promettait, pour le 10 janvier 1838, à 6 heures du matin, l'arrivée du pieux essaim tourangeau dans la maison de la rue Paradis.

Mais on avait compté sans de nouveaux efforts du démon pour tout compliquer. Les dames de Saint-Thomas de Villeneuve, se prêtant avec une rare abnégation à la substitution, avaient consenti à différer leur départ jusqu'à la dernière heure pour que la maison ne demeurât pas sans surveillance. Le jour convenu, à cinq heures du matin, les dames conseillères étaient là pour remercier une fois encore leurs zélées auxiliatrices, leur dire un dernier adieu et recevoir ensuite leurs remplaçantes, annoncées pour six heures. Le personnel de l'établissement, fort attaché aux maîtresses, ignorait tout, et il importait que le changement fût aussi prompt qu'inopiné.

Or, tandis qu'on croyait, à tout instant, voir arriver les filles du P. Eudes, un accident survenu à leur diligence les retenait à Nîmes jusqu'au lendemain.

Ici se place un des plus beaux faits de l'Œuvre qui, à lui seul, suffirait à montrer la valeur et la vertu des conseillères qu'elle avait déjà à sa tête. Les dames du bureau, oublieuses de leurs propres familles et sans s'effrayer de leur inexpérience pour un tel ministère, s'installent dans les ateliers, pacifient les esprits surexcités par le départ de leurs Sœurs bien-aimées, s'asseoient à la table de leurs pensionnaires, et plusieurs poussent l'abnégation jusqu'à passer la nuit pour surveiller les dortoirs. M. l'abbé Gaspard Vignolo les aide, pendant cet intérimat de 36 heures, avec un incomparable dévoûment.

Le lendemain 11 janvier, à dix heures du matin, une voiture s'arrêtait devant le Refuge. C'étaient les Religieuses depuis si longtemps attendues. Mgr Charles-Eugène de Mazenod et toutes les dames associées reçurent les voyageuses : le prélat leur souhaita la bienvenue au nom de l'Œuvre qui se forma aussitôt en assemblée générale pour les accueillir et entendre l'allocution épiscopale.

Le 12 janvier, la clôture était définitivement établie, mais toutes les difficultés n'étaient pas pour cela vaincues. En venant remercier l'Evêque, le 12 février 1838, de l'immense service qu'il avait rendu à leur établissement, les conseillères lui remettent l'obédience de ses nouvelles filles. Il y était stipulé que la maison de Tours se réservait le droit de les rappeler à son gré.

Cette clause, parfaitement légitime, effraie le prélat au point de vue de la stabilité qu'il veut assurer à la fondation si laborieuse dans laquelle il s'est entremis avec tant de cœur, et il exige quelle soit supprimée. Son vénéré collègue de Tours, qui avait déjà apprécié quel fond on pouvait faire sur la tendresse du nouvel évêque de Marseille et dès lors sur la sécurité que goûteraient les émigrées dans son diocèse, consentit, sur sa demande, à les placer entièrement sous sa dépendance, par un acte additionnel du 30 janvier 1838, conçu en termes très favorables.

L'enfer avait épuisé sa puissance ; le père du prodigue, le Dieu qui pardonnait aux pécheresses allait montrer la sienne. Avant la fin de cette année 1838, 70 pénitentes peuplaient déjà la maison, devenue singulièrement édifiante par sa régularité. Pendant l'année 1839, 40 malheureuses vinrent grossir la pieuse famille. Les maîtresses, sentant l'avantage de diviser pour gouverner, créèrent presque aussitôt une classe sous le vocable de *Saint-Augustin*, afin d'y grouper les filles nouvellement admises dont il convenait d'étudier la conduite avant de les répartir dans les divers ateliers.

La Mère Marie de Sainte-Victoire, rappelée à Tours par sa communauté, voulut avant son départ mieux asseoir sa nouvelle fondation. Avant son retour, qui s'effectua au commencement de mars, elle acheta deux maisons qui donnèrent plus d'espace à l'établissement.

Elles ne devaient pas longtemps demeurer inoccupées : peu de mois après, la place y manquait de nouveau. Des filles plus jeunes avaient été admises ; elles n'étaient point coupables mais elles étaient gravement exposées. N'était-il pas à craindre que le contact avec leurs aînées pût avoir de graves inconvénients ? On hésitait cependant à former une catégorie à part à cause de l'augmentation des charges qui en résultait, lorsque la Providence, en envoyant sous pli cacheté quatre billets de mille francs, se prononça pour cette création. Mme de Guillaudon, habituée à ne jamais rien refuser à la Providence, intervint pour l'achat d'une maison à l'angle de la rue Sainte-Victoire au prix de douze mille francs. Elle en prêta dix mille à viager, et le 8 septembre suivant, seize mois après leur arrivée à Marseille, les Sœurs de N.-D. de Charité ouvrirent la classe de la Préservation, que Mgr de Mazenod bénit avec sa bonté ordinaire, tout joyeux de présenter les douze enfants qui en étaient les prémices aux 200 bienfaitrices venues pour visiter à sa suite l'établissement, objet de tant de sollicitudes et de sacrifices.

Ces choses se passaient sous la sage et prudente gestion de la R. Mère Dosithée Juet, encore fort jeune, mais qui montrait dans son gouvernement une maturité, une prudence et une fermeté dignes d'une supérieure consommée ; son administration fut de courte durée, car elle fut bientôt après nommée au Mans en la même qualité.

La maison de Marseille restait donc momentanément découronnée, mais après quelques mois d'attente, par suite d'une fraternelle entente entre les monastères de Marseille et de Tours, le 27 juillet 1840, la Mère Marie de Sainte-Victoire Houette, dont le supériorat venait d'expirer en Touraine, fut de nouveau chargée de diriger le Refuge de Marseille pour une période de trois années. La Vierge Immaculée, qui avait appelé chez nous les filles du P. Eudes, au jour d'une de ses fêtes, leur rendait celle qui allait donner à leur installation une parfaite stabilité.

Celle-ci, effrayée par l'insuffisance du local, où l'entassement était malsain, obtint de la Sainte Vierge, grâce à la dévotion des 15 samedis du Rosaire, l'indication d'un terrain plus spacieux à acquérir. Le dernier jour de l'octave de l'Assomption, jour anniversaire de la mort du P. Eudes, un courtier proposa pour 64.000 francs, dont 34.000 payables au comptant et le reste en six annuités, un emplacement de quatre hectares à l'extrémité de l'avenue qui est aujourd'hui le boulevard Baille. Le 8 septembre, l'acte d'achat fut dressé.

Il faillit ébranler l'Œuvre, car les dames conseillères n'étaient pas unanimes pour approuver le transfert, le local actuel leur était cher à cause de ce qu'elles y avaient souffert, car on aime les lieux qu'on a mouillés de ses larmes, arrosés de ses sueurs. Comme elles tardaient à se décider, deux nouveaux acheteurs convoitant le terrain reconnu propice, la Supérieure l'acquit en son nom personnel, se chargeant seule du paiement de la première partie de la dette. A cette nouvelle, quelques bienfaitrices, trop jalouses de leur autorité, se montrèrent susceptibles ; mais leur amour des âmes l'emportait tellement sur une blessure d'amour-propre, qu'elles ne songèrent plus qu'à seconder cette entreprise comme elles avaient mené à bien la première.

En novembre 1841 commencèrent les importantes constructions du nouveau Refuge. Le logement destiné aux pénitentes fut le premier aménagé par l'habile architecte, M. Marius Bérengier.

Une pierre vivante plus précieuse que celles qui formaient les murs grandissants de la construction du boulevard Baille lui fut donnée par le diocèse de Lyon. M. l'abbé Matton, ecclésiastique d'une rare vertu, d'un jugement sûr, d'une bonté exceptionnelle, fut d'abord prêté pendant quelque temps comme aumônier de l'Œuvre par son archevêque; mais peu après, le vénéré prélat se rendant à Rome et ayant vu l'estime dont ce prêtre était l'objet, la vraie paternité qu'il exerçait, l'irrésistible ascendant que subissaient les pensionnaires, consentit à le laisser pour dix ans encore à la maison de Marseille, qui lui est singulièrement redevable.

Son entrée dans l'établissement devait presque coïncider avec une date mémorable. Le 19 août, fête du Saint-Cœur de Marie, trois pénitentes, admirables de contrition et de régularité, furent admises à revêtir le costume semi-religieux, aujourd'hui porté avec respect et bonheur dans la classe des *Sœurs Madeleines*, dont elles furent les prémices. Avec ce dernier rameau, l'arbre avait atteint son développement complet ; Dieu envoyait chaque jour pour s'y reposer et s'y purifier de nouvelles pécheresses.

Il importait donc de hâter l'installation du local définitif : le 20 avril 1842 la première pierre de la chapelle fut bénite. Enfin, le 13 mai 1843, les constructions destinées aux pénitentes étaient achevées ; on pouvait compter sur le chaud soleil de la Provence pour en sécher les murs à peine achevés qu'il fallait peupler sans retard.

En effet, l'opinion publique, instruite d'un prochain transfert, en demandait l'heure avec curiosité et il s'agissait de décevoir les indiscrets. La veille, ils avaient en foule surveillé les abords du boulevard, ils comptaient revenir le lendemain de bonne heure. Mais la communauté ne les avait pas atttendus : partie en bon ordre à trois heures du matin, par un splendide clair de lune, elle s'avança processionnellement, quoiqu'en silence, sous la grande croix des classes par la rue Sainte-Victoire, la rue de Rome et la place Castellane.

Seuls, le crieur de nuit et quelques employés de l'octroi virent passer avec surprise cette nombreuse colonie, dont chaque membre portait quelque paquet ou quelque objet pieux. A trois heures un quart, par une brèche réservée dans le mur de clôture, la famille entière pénétra dans sa chère demeure, un *Magnificat* enthousiaste s'échappa de toutes les lèvres, et on chantait encore quand, à 6 heures du matin, M. l'abbé Tempier, vicaire-général, bénit le nouveau local et y laissa pour toujours la sainte Eucharistie, qu'il venait de consacrer. Quatre-vingts pénitentes composaient la maison, et l'année ne s'acheva pas sans qu'on en comptât cent trente-six.

Si Dieu veillait de près sur la fondation de Marseille, de loin ses amis fidèles ne cessaient de travailler pour en garantir la durée. Sur les incessantes demandes de M. l'abbé Dufêtre, secondées par l'influence de M. Reynard, maire de Marseille, le Gouvernement accordait à l'établissement la reconnaissance légale, et, faveur plus précieuse encore, le monastère de Tours, du consentement de l'archevêque, consentait à céder pour un nouveau triennat à Marseille, la Mère Marie de Sainte-Victoire, dont pénitentes et conseillères célébraient à l'envi le maternel et ferme gouvernement.

L'année 1844 apporta à l'Œuvre des faveurs spirituelles, gage des bénédictions divines. Elle reçut de Rome le corps d'une jeune martyre, sainte Félicie, et l'autorisation pour l'aumônier, M. l'abbé Matton, d'ériger la confrérie de Saint-Michel, qui devait soutenir l'Œuvre de la Préservation.

L'année 1845 s'annonça sous de moins favorables auspices. L'argent faisait défaut ; les constructions, pourtant de jour en jour plus indispensables, s'arrêtèrent. En vain quelques amis, sans autre intérêt en vue que le bien des âmes, réunirent-ils les fonds d'un emprunt ; en vain essaya-t-on de vendre le local de la rue Paradis pour réaliser des fonds : la Municipalité, rappelant les trente mille francs avancés par elle, réclamait son privilège : il fallut ajourner à plus tard cette opération et tout attendre de la Providence.

Elle affirma son action en appelant au supériorat la Mère Saint-Dominique Bigot, âgée seulement de 36 ans, pour remplacer la Mère Marie de Sainte-Victoire, définitivement rendue à sa communauté de Tours. La succession était lourde : il fallait prendre la place d'une supérieure très aimée, faire face à 247.000 francs de dettes, bâtir les chœurs des pénitentes et des Sœurs, l'église, les sacristies, les parloirs, l'aumônerie, la maison spéciale des *Madeleines*. Les événements prouvèrent qu'à l'école de la Mère Marie de Sainte-Victoire, sa fille était devenue capable de tout mener à bonne fin, car on croirait la retrouver dans la prudence de son gouvernement.

Afin de l'aider, la Mère Marie de Sainte-Victoire lui envoya trois nouvelles religieuses de Tours. Ainsi l'établissement touchait enfin à sa complète et définitive organisation.

En effet, en 1847, M. Augier et M. Bérengier, par un nouvel acte de dévouement, acceptèrent de se charger de l'immeuble de la rue Paradis comme paiement à valoir et la Ville put être remboursée de ses avances. Les travaux furent poussés avec activité et le jour de Noël, dans la chapelle achevée, la messe de minuit fut solennellement célébrée sur un bel autel de marbre, don de la charité inépuisable de Mme de Guillaudon. Le soir, le T. S. Sacrement fut exposé dans un ostensoir offert par Mme Rocca et N.-S. bénit la famille du Refuge heureuse d'être abritée à jamais

Mais aux bénédictions devaient succéder bientôt les épreuves : 1848 fut une année de calamité faute d'ouvrage ; le désœuvrement et le manque de pain qui en fut la suite pouvaient tout compromettre. Marseille est une de ces cités chrétiennes où la charité fait des miracles : on ne célèbrera jamais assez la générosité cordiale de ses habitants. Dans cette détresse pressante, tandis que les préoccupations politiques éloignaient pour un temps les dames, bienfaitrices ordinaires de l'établissement, ce furent les femmes du Marché et les poissonnières qui s'en établirent spontanément les pourvoyeuses : chaque jour elles apportaient à la cuisine avec le plus entier désintéressement les provisions les plus abondantes. Ainsi finit cette crise, qui, hélas ! allait être suivie d'une épreuve plus terrible encore.

Qui ne se souvient du sinistre choléra de 1849 ? Nulle part ses coups ne semblèrent frapper plus inexorablement qu'au Refuge. On attribua ses ravages à une canalisation insuffisante des égouts ; mais, quelle qu'en fût la cause, on compta au boulevard Baille, dans la maison du Père Eudes, jusqu'à 170 malades à la fois, c'est-à-dire presque tout le personnel. Dix religieuses durent recevoir les derniers sacrements, et trois d'entre elles moururent ; 7 pénitentes, 9 enfants de la Préservation furent emportées. La voix publique demandait l'évacuation de la maison : un licenciement en eût été la ruine. Tenant tête à l'orage, M. le docteur Chargé et M. le docteur Couillet, son élève, opposèrent à la marche du fléau et aux doléances stériles des habitants une sollicitude et des soins au-dessus de tout éloge. Mgr de Mazenod, autre Belsunce, releva les courages par de fréquentes visites et sanctifia les mourantes.

Cette tourmente fut la dernière dont il soit opportun de conserver le souvenir.

C'est une loi de la nature que les arbres exposés aux grands vents poussent plus profondément en terre leurs racines et résistent mieux aux furies de l'aquilon : ainsi en fut-il du Refuge. Les épreuves du dehors, en contrariant sans cesse son épanouissement hâtif, l'obligèrent à se fortifier dans sa constitution intérieure, par ses règlements et par la perfection de ses méthodes.

Aujourd'hui, l'arbre est solidement planté et quand, en 1861, celui qui en avait protégé le premier germe et si souvent béni les développements, Mgr Ch.-Eugène de Mazenod, vint à mourir, la Maison du Refuge s'inclina un instant sous le souffle d'universelle affliction qui pénétra tous les cœurs, mais on comprit, à la façon dont elle se releva bientôt, qu'elle pourrait désormais supporter sans périr tous les orages.

D'ailleurs les Evêques de Marseille, héritiers de Lazare, le frère de la Madeleine repentante, devaient se transmettre, avec la houlette pastorale, l'amour le plus paternel pour les pénitentes. Ils le prouvèrent par le choix intelligent des supérieurs qu'ils préposèrent au gouvernement spirituel de cette Œuvre difficile.

Dès 1861, Mgr O' Cruice d'abord, et plus tard Mgr Place, ne se contentèrent pas de lui envoyer, dans Messieurs les Vicaires Généraux Pontier, Meistre, Fourquier et Blancard, les saints et les sages de leur clergé ; Mgr O' Cruice, en 1862, négocia par une surprise de délicatesse paternelle l'arrivée des fils du Père Eudes pour diriger les nombreuses âmes confiées à ses filles.

Un essaim de fervents Eudistes s'installa dans l'aumônerie du Refuge.

On gardera longue et reconnaissante mémoire du passage des RR. PP. Divet, Gélon, Coyer, qui y furent supérieurs, avec de prudents et actifs confrères, tels que les PP. Coste, Courmé, Havard, Jules Gélon, Bailleul, Lancelot, etc., etc.

Pendant dix ans, ils firent de cette Maison un Refuge à part, à cause de l'excellence de son esprit et des résulats moraux obtenus. (1).

Encouragées par de si merveilleux résultats, les dames conseillères obtinrent à l'Œuvre des concours nouveaux et aussi actifs que ceux de la première heure. Aux deux cents associées qui s'assemblaient autrefois rue Paradis, s'adjoignirent plus de trois cent cinquante autres associées et la prédication de la retraite, en les rendant plus saintes, devint annuellement un gage des récompenses que Dieu ne cesse de prodiguer à leur charité.

Quand l'arbre est devenu vigoureux, qu'en ses rameaux circule une sève généreuse, il jette souvent à quelques pas de distance un rejeton puissant qui deviendra arbre à son tour, et la même substance nourrira désormais les deux troncs. Ainsi en fut-il du Refuge de Marseille.

(1) La Congrégation de Jésus et Marie, fondée par le Vénérable Jean Eudes, ainsi que l'Ordre de Notre-Dame-de-Charité-du-Refuge, ayant pu, de nouveau, fournir des Pères Eudistes à la Maison de Marseille qui les regrettait depuis vingt ans, le R. P. Le Doré, Supérieur général, en envoya un nouvel essaim qui arriva le 31 décembre 1893.

En pleine floraison, avec un personnel de cinq cents pensionnaires et de soixante religieuses, il donna, le 11 février 1863, un rejeton plein d'espérance et d'avenir au pied de la gracieuse et pittoresque colline du Cabot, sur laquelle s'élève un sanctuaire dédié à saint Joseph. Ce second asile tout différent du premier, quant à son but plus restreint, se fonda sous le nom de *Maison du Saint-Cœur de Marie* : la population qui remplit ses murs montre à quel point cette succursale était nécessaire.

Dans la pensée des conseillères, il s'agissait d'offrir en pleine campagne, aux enfants de la Préservation, un séjour plus sain pour leur développement physique, et surtout de fournir aux pécheresses du grand monde le moyen de venir y pleurer et réparer une vie orageuse, en disparaissant pour un temps, loin du bruit de la ville et dans un site aussi propre à distraire l'esprit qu'à calmer le cœur.

Depuis que les constructions de ces deux maisons ont été habitées, elles ont abrité en quarante ans 3.388 Pénitentes, 130 Madeleines, 691 Enfants de la Préservation, 70 Dames Pénitentes, ce qui donne pour les deux résidences une population de 4.472 personnes (1) sur lesquelles s'est exercée, à des degrés divers, leur action moralisatrice, et encore serait-il bon d'ajouter qu'un bon nombre de ces pauvres âmes sont venues deux et trois fois y faire une halte salutaire, à travers les vicissitudes d'une vie agitée et parfois peu conforme aux résolutions qu'elles y avaient prises sous l'influence

(1) Pendant ces quatorze années, de 1884 à 1898, plus d'un millier de Pénitentes ou Enfants sont venues augmenter ce nombre.

du repentir. A ceux qui pourraient objecter cette insuffisance de persévérance de la part des quelques repenties, après leur sortie, hâtons-nous de répondre que les pensionnaires enlevées par la mort dans ces deux maisons, depuis l'arrivée des Sœurs de Notre-Dame de Charité, s'élèvent au nombre considérable de 379, réparties ainsi qu'il suit : 52 Madeleines ; 282 Pénitentes ; 47 Enfants de la Préservation (1). Or, les rapports publiés chaque année, et dont les extraits émouvants, mais connus de tous, ne feraient qu'allonger cette notice, prouvent jusqu'à l'évidence combien la fin de ces privilégiées de la grâce a été sainte et paisible. On peut affirmer que les âmes qui s'endorment dans nos deux maisons de refuge meurent en prédestinées. Quel encouragement pour les bienfaiteurs et bienfaitrices de l'Œuvre de songer que ces pécheresses, arrachées au vice et à la mort éternelle, sont autant de conquêtes qui témoigneront durant l'éternité des miséricordes ineffables du Cœur sacré de Jésus !

Mais parmi tant de morts édifiantes, le sacrifice le plus précieux fut celui des 56 religieuses qui, à l'exemple du bon Pasteur, ont sacrifié leur vie pour les pauvres brebis commises par la Providence à leur garde maternelle.

Ajoutons à la gloire du Cœur sacré de Jésus, dont la miséricorde est un trésor inépuisable, à la louange des conseillères sans le concours desquelles le Refuge ne pourrait subsister un jour, à l'honneur des vertueuses religieuses qui le dirigent depuis 1837, le bien

---

(1) En janvier 1898, le chiffre des décès s'élève à 438, dont : 310 Pénitentes, 60 Madeleines, et 56 Enfants.

qui s'est opéré dans cette communauté miraculeusement privilégiée ne peut se calculer.

Parmi ces 4.500 pensionnaires soustraites, pour un temps plus ou moins long, aux terribles occasions du péché, grand est le nombre de celles qui ne sont rentrées dans le monde que pour y mener une vie irréprochable, de celles qui ont fixé leur avenir par une alliance régulière, bénie par l'Eglise, plus grand encore le nombre de celles qui, même après quelques rechutes, ont conservé avec leurs anciennes Mères les meilleurs rapports, viennent au parloir leur exposer leurs peines et solliciter leurs conseils.

Combien, parmi ces pécheresses d'autrefois, n'en compte-t-on pas, que le pieux intérêt des Dames du bureau est parvenu à placer dans des ateliers honnêtes, où, grâce aux habitudes d'ordre et de travail contractées dans la maison, elles ont trouvé de précieux moyens d'existence !

Un dernier chiffre établira clairement quelles transformations spirituelles vraiment prodigieuses s'opèrent dans ces saintes maisons. Sans parler de ces héroïnes du repentir qui n'en sont parties qu'après avoir obtenu d'aller s'enfermer à la Trappe ou dans des Chartreuses pour y mortifier leur chair jusqu'au dernier soupir, et immoler sous le pressoir de la pénitence toutes les délicatesses de la nature, disons que la classe seule de la Préservation a fait éclore plus de 40 vocations religieuses et que ces lis assez tôt arrachés à la fange du monde pour n'en être pas flétris, embaument les heureuses communautés où la Providence les a transplantés.

Un mot pour finir cette étude sur nos Maisons de Refuge.

Un homme fort riche de la ville ayant appris qu'une pauvre fille, autrefois sa victime, se trouvait dans cet asile béni, sollicita avec instances de se présenter au parloir, afin de s'assurer par lui-même qu'elle n'y était point contre son gré et qu'elle n'y menait pas une vie de souffrance. Des raisons majeures ayant permis de faire droit à sa singulière demande, il vit cette personne apparaître transformée par la grâce, radieuse de bonheur, lui racontant avec larmes les miséricordes de Dieu à son égard. Elle finit en le conjurant de songer lui-même au salut de son âme et de ne plus venir la disputer au silence de sa bienheureuse solitude. Emerveillé de ces sentiments, il donna au couvent une somme importante et plus tard, par testament, il en légua une plus considérable encore. On nous assure qu'il répétait souvent au milieu de ses amis, à la Bourse : Si on savait tout le bien qui se fait au Refuge, il n'est personne qui n'inscrivît cette Œuvre admirable dans ses dernières volontés. Nous, hommes coupables, nous aurons beaucoup à nous faire pardonner par Dieu, au jour du jugement, à cause de la légèreté de nos habitudes ; mais quelle sécurité nous donnera, à cette heure, cette pensée que si nous avons passé trop de temps à mal faire, nous avons du moins permis avec nos aumônes à de pauvres pécheresses, aidées par de saintes religieuses, de relever les ruines causées par les fautes de notre vie. »

RÈGLEMENT

DES

DAMES DE LA PROVIDENCE

OU

DE L'ŒUVRE DU REFUGE

CHAPITRE 1er

Dispositions générales

Article premier. — Le but spécial de l'Association des Dames de la Providence est de contribuer à retirer du vice les filles et les femmes de mauvaise vie, et à les ramener à la vertu par les exercices d'une maison de refuge.

Art. 2. — L'Association est spécialement consacrée à la Sainte Vierge.

Art. 3. — La fête de l'Immaculée Conception est la fête principale de l'Association, et le jour où se fait la réception des nouvelles associées.

Art. 4. — Monseigneur l'Évêque de Marseille est le supérieur de l'Association des Dames de la Providence et de leur maison du Refuge; tout y est soumis à sa haute direction.

Art. 5. — Il nomme un ecclésiastique digne de le remplacer, qui donne à cette maison des soins assidus et une protection particulière.

Art. 6. — Le directeur préside les assemblées générales et particulières; il est chargé des exercices et instructions.

CHAPITRE II

De la Réception des Associées

Article premier. — Les conditions requises pour devenir membre de l'Association sont d'abord une naissance honnête, et le désir de s'unir aux autres Dames pour faire le bien de l'Œuvre.

Art. 2. — Les nouvelles Associées sont reçues en assemblées générales, elles ne sont point obligées à lire à haute voix les prières d'usage ; elles peuvent prier une Dame du bureau de les réciter pour elles.

Art. 3. — Les dames de la Providence, en entrant dans l'Association, ne renoncent en aucune manière à leurs œuvres ordinaires de charité, seulement elles s'imposent quelques légers sacrifices de plus pour former et soutenir un établissement d'un si haut intérêt pour la religion et les bonnes mœurs. La souscription annuelle est de vingt-cinq francs.

Des Assemblées générales

Article premier. — Les deux fêtes principales de l'Association, qui sont : la Purification et l'Immaculée Conception, sont suivies d'assemblées générales.

Art. 2. — L'heure de la messe est fixée à 8 heures précises ; le directeur y fait une instruction.

Art. 3. — Les Dames se rendent, immédiatement après la messe, dans la salle des assemblées, dans laquelle on a toujours soin de placer un crucifix, une image de la Vierge et un bénitier.

Art. 4. — Le directeur s'y rend pour présider l'assemblée. On n'attend jamais, pour ouvrir les différentes assemblées, les Dames absentes.

Art. 5. — Les Dames associées sont invitées à communier ces jours-là.

Art. 6. — C'est dans ces assemblées générales qu'on élit les dignitaires et que la présidente propose à la délibération des Dames les objets les plus importants pour le bien de l'œuvre : tout s'y décide à la majorité des voix. Une fois par an le directeur y lit le règlement.

CHAPITRE III

Du Conseil

Article premier. — Les Dames Associées nomment, par la voie du scrutin, une présidente, deux vice-présidentes, quatre assistantes, une trésorière, une vice-trésorière, une secrétaire, une vice-secrétaire et douze conseillères. Ces nominations se font dans l'assemblée générale du mois de février ; ce jour-là on dit une messe au Saint-Esprit pour invoquer ses lumières.

Art. 2. — Pour être élue à ces diverses charges, la moitié des suffrages plus une voix suffit.

Art. 3. — Les élections se font tous les trois ans en renouvelant le bureau par moitié ; de cette manière chaque membre y reste six ans. Les dignitaires peuvent être constamment réélues.

Art. 4. — L'administration intérieure de la maison est entièrement remise aux Dames religieuses. C'est à Madame la Supérieure qu'il appartient de choisir les filles qui doivent être reçues ; cependant elle s'entend toujours avec les Dames qui sont chargées de prendre les renseignements nécessaires, ne pouvant sortir elle-même ; cette maison est cloîtrée, ce qui est très avantageux pour un pareil établissement ; tout secret est gardé par Madame la Supérieure. Les pénitentes changent de nom en entrant dans cet asile et doivent oublier tous les souvenirs du monde.

Art. 5. — Les Dames religieuses sont chargées de toutes les dépenses intérieures, et s'entendent avec l'administration, qui complète les fonds nécessaires à l'entretien de la maison ; le produit du travail des filles est retiré par les Dames religieuses.

CHAPITRE IV

Des fonctions des Dignitaires

Article premier. — La présidente est l'âme du conseil et des assemblées générales, et doit s'y rendre avec exactitude ; elle s'informe auprès de Madame la Supérieure de ce qui se passe dans la maison ; elle cherche les moyens d'être utile à l'œuvre.

Art. 2. — La vice-présidente remplace la présidente en cas d'absence ou de maladie.

Art. 3. — Les assistantes partagent également les sollicitudes de la présidente et sont prêtes à lui aider en toute chose quand il s'agit du bien de l'œuvre.

Art. 4. — La trésorière ouvre un registre où sont inscrites exactement les sommes qu'elle reçoit, tant des dons particuliers que des souscriptions et des quêtes, elle ne peut faire aucun usage de ces sommes que l'emploi n'en ait été expressément déterminé par le conseil, et son registre doit faire clairement mention de cet emploi.

Art. 5. — Tous les ans elle rend ses comptes à l'assemblée générale.

Art. 6. — La trésorière retire soigneusement quittance des sommes versées, et annexe ces quittances à ses registres.

Art. 7. — La vice-trésorière supplée à la trésorière, lorsque celle-ci ne peut remplir ses fonctions.

Art. 8. — La dame secrétaire ouvre un registre et même plusieurs pour tenir note de tout ce qui se passe et se fait dans l'administration, elle rédige le procès-verbal de chaque bureau, fait chaque mois le rapport à l'assemblée générale de tout ce qui peut intéresser l'association ; elle se concerte avec Madame la Présidente et M. le Directeur pour convoquer les bureaux et assemblées générales et extraordinaires, et donne les avertissements nécessaires.

Art. 9. — La vice-secrétaire aide la secrétaire et la remplace en cas de besoin.

Art. 10. — C'est dans le conseil qu'on a nommé une commission de sept dames qui sont chargées de s'occuper spécialement de la *classe de préservation*, de recueillir les renseignements et les fonds, de s'entendre avec Madame la Supérieure pour l'admission des jeunes filles et de rendre compte ensuite de ce qu'elles ont fait à l'administration.

CHAPITRE V

Du Bureau

Article premier. — Le Conseil réuni en assemblée forme le bureau.

Art. 2. — Le bureau s'assemble pendant les mois d'hiver.

Art. 3. — Il ne peut être délibéré sur aucune affaire importante que le bureau ne soit composé de neuf Dames.

Art. 4. — On ne parle point pendant le bureau d'autre

chose que des affaires de la maison ; chaque Dame fera attention dans le silence à ce qui sera proposé, et ne cherchera dans ses avis que l'avantage de l'œuvre, prenant garde de ne pas trop s'attacher à son sentiment, mais déférant à celui des autres quand il est reconnu meilleur.

Art. 5. — Madame la Supérieure tient un registre où sont inscrits les noms, l'âge, le pays des pénitentes, l'époque à laquelle elles ont été reçues, et les notes qu'elle a prises sur leur conduite. Trois mois avant l'époque fixée pour la sortie d'une fille de la maison, Madame la Supérieure avertit les Dames du bureau, fait connaître les qualités et les défauts de cette personne, afin qu'on puisse la placer le plus avantageusement possible.

Art. 6. — Le Directeur rendra compte au bureau de ce qui intéresse l'Œuvre depuis la précédente réunion et recueillera des Dames toutes les demandes et renseignements pour les transmettre à Madame la Supérieure.

Art. 7. — C'est au Conseil qu'il appartient de statuer sur l'emploi des fonds, et il ne le fera jamais qu'après la plus mûre délibération.

CHAPITRE VI

Des prières et secours spirituels des Dames de l'Œuvre

Article premier. — La retraite des Dames est fixée à la fête de l'Immaculée Conception.

Art. 2. — Les Associées réciteront tous les jours le *Salve Regina*, pour attirer les bénédictions de Dieu sur toutes les Dames de la Providence et sur l'œuvre qu'elles ont entreprise.

Art. 3. — Chaque Dame associée est tenue de faire dire une messe pour toutes les associées décédées pendant l'année.

Art. 4. — Le jour de l'Immaculée Conception, le Directeur annoncera aux Dames celui où l'Association fera dire une messe pour toutes les associées mortes pendant l'année ; cette messe se dira dans la chapelle de l'Association.

Art. 5. — Il sera fait dans la chapelle de l'œuvre un service solennel pour le repos de l'âme de chaque personne qui fera un legs à la maison.

Art. 6. — La souscription à l'Œuvre du Refuge est de 25 francs par an.

Acte de Consécration à la très Sainte Vierge

Sainte Marie, Mère de Dieu et Vierge conçue sans être souillée du péché originel, moi, N... je vous choisis aujourd'hui pour ma reine, mon avocate, ma patronne et ma Mère ; je prends devant vous l'inviolable résolution de ne jamais abandonner votre service, de ne jamais rien dire ou faire qui puisse porter atteinte à l'honneur qui vous est dû, de ne jamais souffrir qu'aucun de ceux qui me sont soumis parlent ou agissent contre les intérêts de votre gloire ; je vous supplie donc de me recevoir pour toujours au nombre de vos servantes, et de m'accorder votre assistance dans toutes les occasions de ma vie, et surtout à l'heure de ma mort. Ainsi soit-il.

Acte de Renouvellement des Vœux du Baptême

Adorable Trinité, Dieu en trois personnes, Père, Fils et Saint-Esprit, au nom desquels j'ai été baptisé, je m'anéantis en votre présence et me reconnais souverainement indigne de porter le nom d'enfant de Dieu, après avoir tant de fois violé les promesses de mon baptême. Daignez me plonger dans le sang de J.-C. et me pardonner ; je prends ici la ferme résolution de faire une sincère pénitence de mes péchés, et je renouvelle de tout mon cœur, en face du Ciel et de la terre, les saints engagements que j'ai pris avec vous, lorsque vous imprimâtes dans mon âme, en traits ineffaçables, le caractère de chrétienne ; je renonce à Satan, je renonce à ses œuvres, je renonce à ses pompes, je renonce à l'esprit du monde et à toutes ses vanités, et je vous promets, en mettant toute ma confiance en votre miséricorde infinie, d'observer vos divins commandements jusqu'à mon dernier soupir. Ainsi soit-il.

Prière d'ouverture des séances

Venez, Esprit-Saint, remplissez le cœur de vos fidèles servantes, et allumez en elles le feu sacré de votre amour.

℣. Envoyez votre esprit, et tout sera créé.
℟. Et vous renouvellerez la face de la terre.

PRIONS

O mon Dieu ! qui avez instruit et éclairé le cœur de vos fidèles servantes en répandant en elles les lumières du Saint-Esprit, faites que ce même Esprit nous pénètre de tout ce qui est juste et vrai, et que nous jouissions sans cesse de ses divines consolations, par Notre-Seigneur Jésus-Christ. Ainsi soit-il.

Prière de clôture des séances

PRIONS

Nous nous réfugions sous votre protection, ô sainte Mère de Dieu ! ne rejetez pas la prière que nous vous adressons dans nos besoins ; mais délivrez-nous à jamais de tous les périls, ô Vierge glorieuse et bien-aimée. Ainsi soit-il.

BUREAU DU REFUGE

EN 1900

Présidente :
Madame AGARD.

Vice-Présidentes :
Mesdames TEISSEIRE-DROGOUL et DUMON DE GAUDIN.

Trésorière :
Madame ANCEY-LAVAL.

Secrétaire :
Madame IMBERT.

Conseillères :

Mesdames :

BERGASSE, Henri.
GOUIN-GRANDVAL.
BELLISSEN.
HONNORAT-DORY.
PANESCORSE.
GIRAUDY.
JULLIEN-COSTE.
BONNEVILLE.
COSTE, Mathieu.

Mesdames :

ALLARD.
LAUGIER-RAVANAS.
MARTIN-CHAVE, Paul.
JAUFFRET.
BOURGOGNE.
MARTIN-LAVAL.
D'AUTHIER DE SISGAU.
CASTELLAN, Paul.

NOMS DES DAMES

faisant partie de l'Œuvre du Refuge

Mesdames :

AGARD.
ANCEY-LAVAL.
ARNAVON.
AILHAUD.
D'AGAY.
D'AZAMBUJA.
Comtesse ARMAND.
ARTAUD-BRINDEL.
ARTAUD DE CAMPRIEU.
AUDIBERT-BRÈS.
AUBERT, Louis.
D'AUTHIER DE SISGAU.
ANCEY, Félix.
ALLARD.
AUDOUY.
ANCEY, Joseph.
ABEILLE, Elzéar.
ARTAUD.
AMBARD.
AUDIBERT.
Comtesse D'AUTANE.
ARTAUD-BRUN.
AUBERT-ARTUFEL.
Mlle ARMAND, Eugénie.
D'AGAY, Eugène.
ABEILLE, Pierre.
D'AUBARÈDE, Paul.
D'AZAMBUJA, Charles.
AGUILLON.
ANDRÉ-ROUARD.
ABEILLE, Henri.
ASSOUAD Louis.

Mesdames :

BAYLE.
BORELLI DE ROUX.
E. DE BARBARIN.
BERGER.
BAUDOUIN-GOUNELLE.
BAYOL.
BERGASSE, Henri.
BELLISSEN.
DE BERLIER
BÉNET-CHAUVIN.
BLANC-PRADELLE.
BARON.
BARTHÉLEMY-MAGNAN.
BAUDOUIN.
BARTHÉLEMY.
BLACAS.
BAYOL.
DE BARBARIN, Joseph.
BÉRENGIER-RANQUE.
BÉRENGIER, Jules.
BÉRENGIER, Paul.
BOUBAUD, Joseph.
BEAU, Arthur.
BRIQUELER.
BOURGOGNE, Jules.
BOYER-MASSOT.
BERNABO.
BÉNET, Paul.
DE BORÉLY, Arthur.
BOURJAC D'ESGRIGNY.
BLANC, Maurice.
BLANC, Albert.

Mesdames :
BERTHOZ.
BOIRON.
BERLIER DE VAUPLANE.
BIZARD.
BONNEVILLE DE SAINT-JACQUES
BÉNET-MARQUAND.
    Mademoiselle :
DE BARBARIN, Elise.
    Mesdames :
BŒUF-DE ROUX.
BOUCANIER.
BADETTI-DURAND.
BONNARD.
BOURRÉLY-GAVOTY
BÉRENGIER, Louis.
BAUDOUIN-BLANC.
Veuve BONNEVILLE.
BARON.
BARLATIER.
    Mesdemoiselles :
BLANC, Delphine.
BELLISSEN.
BONNIOT.
BELLON.
BÉRENGIER.
BERNARD, Marguerite.
    Mesdames :
BÉNÉZETTI.
BOUSQUET.
DE BOVIS.
DE BOISÉSON.
BLANC-DESBIEF.
BOURGOGNE-FRANCOU.
BERNARD-LIEUTAUD.
BORTOLI-BÉRENGER.
BOYER.

Mesdames :
BORELLI.
BIÉTRON.
BRUNET, Louis.
BOURDOT, Félix.
BÉRARD.
BOURGOGNE-BOREL.
BARRÊME.
BERNABO-COURMES.
BARILE, Albert.
BERGASSE, Alexandre.
BEAU, Henri.
BARON, Henri.
BOUDE, Frédéric.
BLANC-GUILBAUD.
BONNASSE, Joseph.
BUYS.
CASTELLAN.
COURMES.
DE CROZET.
CANAPLE.
CAUNE, Henry.
CORRÉARD.
CHANSSAUD.
CARLES.
CASTILLON.
COURTOT, Gustave.
COURT DE PAYEN-AUTRAN.
COLLARD.
CANTINI.
CHAUSSE.
CANAPLE, Charles.
CAUSSEMILLE.
CARBONEL.
COSTE, Mathieu.
COTTUAUX.
CHAZAL-POUCEL.

Mesdames :

CHANCEL-AUBIN.
CHANCEL-COUTURE.
Marquise DE CLAPIERS.
CUZIN.
CHEYSSON.
CHAUVIER.
CARRASSAN.
CARREL.
Comtesse DE CHANTÉRAC.
CHARAS.
Comtesse DE LA CHESNAIE.
CHARNAUT.
CHANCEL, Louis.
CRAVIO.
CHANCEL-MASSOT.
CASTELLAN, Paul.
Marquise DE CORIOLIS.
CHANSSAUD.
DE CROZET-ABEILLE.
CHARIOL.
CHAPELIN.
CONTE.
CURTIL-BOYER.
CASTAGNÉ.
CAYOL.
CARBONEL.
CAVAILLON.
CROZET.
CHRISTOLOMME.
COSTE-MONTAURIOL.
CHASTEL.

Mademoiselle :

CHAUSSE, Honorine.

Mesdames :

DUMON.
DUPRÉ, Edmond.

Mesdames :

DUPRÉ, Jules.
DUPRÉ-AUBE.
DECORMIS, Henri.
DURAND-MUSSO.
DELANGLADE, Jules.
DELANGLADE-WARRAIN.
DROGOUL.
Comtesse DESPLACES.
DESBIEF-DOUCET.
DUMON DE GAUDIN.
DEJEAN, Adolphe.
DEVILLE.
DEVICTOR.
DUBERNAT-PONCET.
DOL.
DUFAY, Henri.
DOL, Gabriel.
Comtesse DU CHAFFAUT.
DU CHAFFAUT, Melchior.
DURRAND.
DOMERGUE-ARTAUD.
DURRAN-FINE.
DURTHALER.
DESBIEF, Ernest.
DANIEL, Charles.
DRAMARD.
DESBIEF, Eugène.
DANIEL-GARCIN.
DOULET.
C^{sse} DE DEMANDOLX-DEDONS.
DUPRÉ DE SAINT-JACQUES.
DUMON.
DURBEC.
DANTON.
DONNADIEU.
DURBEC.

Mesdames :
DUBOUL.
EESTRANGIN-ROBERTY.
ESTIEU.
EYMAR.
ESTRANGIN-GIBBAL.
D'ESPÉRANDIEU.
EYGLIER.
ESMIEUX.
EYMIN.
FABRE Cyprien.
FABRE-LUCE.
FOURNIER, Frédéric.
Marquise douairière DE FORESTA.
Marquise Henry DE FORESTA
FINE, Henri.
FABRE, Paul.
FÉRAUD, Augustin.
FINE, Albert.
FOURNIER, Félix.
FABRE, Augustin.
FRITSCH-ESTRANGIN.
FABRE, Ernest.
FEAUTRIER.
FINE-FERRARI.
DE FARCONNET.
Marquise DE FORBIN D'OPPÈDE.
FOURNIER Paul.
FERRARI, Maurice.
FERRIER, Calixte.
FOURNIER, Jean.
FOURNIER, Pierre.
FABRE-LUCE, Edouard.

Mesdemoiselles :
FABRE, Marie.

Mesdemoiselles :
FÉRAUD.
FAUCON.
DE FORBIN D'OPPÈDE.

Mesdames :
GOUIN Louis.
GIBEAUSSET.
GALINIER.
DE GRELING Albert.
DE GRELING DE SAINT-EXUPÉRY.
de GRELING DE FORTON.
GARDAIR.
GINIEZ.
GAVOTY, Alban.
GAVOTY, Charles.
GUÈS-ROSTAND.
GUYS.
GOURJON, Emile.
GOURJON, Amédée.
GRANGE, Henri.
GARCIN.
GAUTHIER DE BONNEVAL.
GUÉRIN, Paul.
GONDRAN.
GINIEZ D'AGAY.
GUÉDON-CALMEL.
GARDAIR, Augustin.
GAVOTY-RAYNAUD.
GAVOTY-PHILIP.
GUYS-D'ALAYER.
GOUIN-GRANDVAL.
GALINIER, Emile.
GAZAGNE.
GAUTHIER-GAVOTY.
GABELLE.
GIRAUD.
GOUNELLE, Charles

Mesdames :

GUEYDAN.
GAUBERT-BONNARD.
GUENDE.
GRAWITZ-DE TOURNADRE.
GÉMY.
GIRAUDY.
DE GASQUET DE SAMATAN.
GUILLAND, Michel.
Comtesse DE GRASSET.
GÉMY-COLLARD.
DE GASQUET-VASSAL.
GUÉRAUD-VASSAL.
GIRARD-THÉRYC.
GIROUD-DECORMIS.
GERMAIN-ARMAND.
GUNTHER.
GENDARME DE BÉVOTTE.
GENOUILLAT.
GIRARD.
GAUTHIER.
GROBET.
GÉRARD, Gabriel.
Marquise DE GAILLARD.
GRENOUILLET.
GOUIN, Paul.
GRUÉ, Marcel.
GASSIER.
GUIGOU.
GAUJOU, Henri.
GRIMAUD.
HAINS.
HOMSY.
HÉRAUD.
HONORAT DORY.
HAVA, Joseph.
HAGUENOT.

Mesdames :

HUGUES, André.
IMBERT.
ISSAURAT.
Comtesse DES ISNARDS.
ICARD-BOËT.
IMBERT.
ISNARD.
JULLIEN-COSTE.
JAUFFRET.
JULLIEN.
JACQUES.
JAUFFRET, Alexandre.
JAUFFRET-BOURGOGNE.
JOGAND
JAUBERT-LAURIN.
Vicomtesse DE JESSÉ.
JULLIEN-MORRENO.
JOURDAN, Xavier.
JULLIEN, Calixte.
JULLIEN, Philippe.
JOUVE, César.
JULIANY, François.
JACQUÈME.
JOANNON, Antonin.
JALAGUIER, Théodore.
JOURDAN, Théophile.

Mesdemoiselles :

JULLIEN, Victoria.
LEGRAND.
LAMBERT.
LOMBARD Marie.

Mesdames :

Mᵐᵉˢ LIONS DE ROUX.
LIVON,
LANTEAUME.
DE LAGET.

Mesdames :

Lagarde.
Long, Remy.
Loire, Ernest.
Laugier, Eugène.
Laurent.
Long.
Lanata.
Laugier.
Lombard-Rivoire.
Lambert.
Lieutier, Fabien.
Baronne de Laroque.
Laplane-Lieutier.
Laval-Ancey.
Laugier, Francis.
Lavielle-Fine.
Lieutier, Alfred.
Latour.
Liotard, Henri.
Lombard-Roussin.
Lajarrige, Henri.
Lombard, François.
Lanteaume-Olive.
Loire-Domergue.
Lombard.
Laugier, Paul.
Lavie.
Luzzatti.
de Malijay.
Martin-Bousquet.
de Marin.
de Mougins-Roquefort.
Mestre.
Massot.
Magnan-Corréard.
Masson

Mesdames :

Mérentier.
Mottet.
Masseilhon.
Martin-Guérin.
Mouren.
Marcorelles.
Magnan-Latil.
Maurin-Puy.
Maurin-Aube.
Martin-Chave.
Magnan-Mottet.
Magnan, Georges.
Magnan-Galinier.
Malavialle.
Marcorelles-Courty.
Marrouin.
Michel, Léon.
Martin-Mouttet.
Monnier.
Martin Louis.
Marquand.
Martel.
Martin, Fernand.
Martin-Laval.
Martignole.
Martin, Victor.
Marquand, Charles.
de Magallon.
Monéra.
Michel.
Mélizan.

Mademoiselle :

Michel-Colomb

Mesdames :

Michel.
Maria.

Mesdames :
MICHEL-ROUARD.
MARITAN.
MAGNAN, Lazare.
MARTIN DE QUEYLARD.
MONNIER-TURIN
MARCET, Marius.
MÉRY.
MARTIN.
MAURIN.
MICHEL.
MATHIEU, Joseph.
MICHEL, Maxime.

Mesdemoiselles :
MALETERRE.
MOTTET, Marie.

Mesdames :
DE LA NOÉ.
NOURRIT.
NICOLAS.
NÉGREL-BÔ.
ODDO-LAFORÊT.
OLIVE-GAVOT.
OLIVE-GIRARD.
OGIER.
ODDO-ROUSSET.
OLIVE, André.

Mesdemoiselles :
OLIVE.
OLIVE.

Mesdames :
PÉCHIER.
PERRIN-MEIFFRÉDY.
PICHAUD, Max.
PICHAUD, Adrien.
PARANQUE, Henri.
PRAT-NOILLY.

Mesdames :
PERAGALLO.
PHILIP.
PÉLLISSIER-GUIS.
Comtesse PIGHETTI.
PUGET-CAUNE.
PAQUET.
POURTAL-DE BARBARIN.
DE POSTIS.
PEYRON-DASSY.
PALANQUE.
PERRIN, Gabriel.
PARROT.
PARAT, Lucien.
PUY-PRADELLE.
PIGNON.
PANESCORSE.
PERRIN DE ROUX.
DE POSSEL-DEYDIER.
PHILIPPON.
PERDOMO.

Mesdemoiselles :
PAYAN D'AUGERY.
PLACE.

Mesdames ;
PAYRAUD-GUÉRIN.
PICARD.
PARROCEL.
PERRIER-JONQUET.
DE QUEYLARD, Charles.
DE QUEYLARD, Jean.
RÉGIS DE ROUX.
REYNAUD DE TRETS.
REY-BAILLET.
ROSTAND-DE BONNEVAL.
ROUSSIER-LEMAITRE.
RICHAUD.

Mesdames :
ROUBAUD-DE ROUX.
RICHARD.
DE ROUX-ROCCA.
ROSTAND D'ANCEZUNE.
DE RÉMUSAT.
ROZAN.
ROUX, Antony.
ROUSSET-BADETTY.
RONDEL.
ROCCA-FABRE.
RAMPAL.
ROSTAND-RICHARD.
RAMPAL, Alfred.
ROBERTY.
RICHARD-STRAFORELLO.
ROUVIÈRE, Fernand.
ROUVIÈRE-MAGNAN.
REGGIO, Léopold.
ROLLAND, Henri.
REY DU COLOMBIER.
ROUX DE BRIGNOLES.
ROLLAND-GIGANDET.
RÉGIS-JULLIEN.
REYNARD-MOTTET.
DE RAVEL.
ROUSSEL.
DE ROUX.
REGGIO-AUBE.
RAYNAUD-GONTARD.
RAYNAUD DE ROUX.
REYBAUD-LANGE.
ROUSSET-GUIS.
RAMPAL.
RASTOIN.
ROUBAUD, Joseph.
ROURE.

Mesdames :
DE ROUX, Barthélemy.
RÉGIS, Victor.
REGIS-BONNASSE.
ROCCA-DE ROUX.
ROUARD.
REYNARD-LESPINASSE.
ROUBAUD, Emile.
   Mademoiselle :
DE REY.
   Mesdames :
RAVOIRE.
RAVANAS.
ROSTAND D'ANCEZUNE-SIGNO-
   RET.
DE ROUGEMONT.
DE ROUX DE ROUX.
ROUBAUD.
ROUBAUD-GAUTIER.
RATTEAU.
ROLLAND-CHEVILLON.
RACINE-NÉGREL.
REYNÈS-REYMONET.
ROLLAND, Pierre.
REISACHER.
ROUSSIER, Edmond.
ROMAN-DORY.
ROUX, Emmanuel.
RICHARD-REY.
ROUX, Roger.
ROUSTAN, Emile.
RIVOIRE.
   Mesdemoiselles :
RONDEL, Claire.
RANQUE Joséphine.
   Mesdames :
SALLONY.

Mesdames :

Saurin.
de Saint-Jacques.
Seux-Grawitz.
Sénès.
Sauvaire de Roux.
Salles-Drausin.
Signoret, Charles.
Schlegel.
Savon.
Salles, Benjamin.
Samat.
Suchet.
Samat.
Salles-Puget.
Sicard.
Savy-Hérente.
Salvator.
Straforello, René.
Comtesse de Sabran.
Signoret, Elie.
Segond, Eugène.
Serène.

Mesdemoiselles :
Salles, Elisa.
Salles.

Mesdames :
Toy-Riont.
Teisseire-Drogoul.

Mesdames :

Teisseire-Guillermin.
Tornézy.
Teissier.
Thélène.
Tassy-Marcorelles.
Thiollière.
Tissot.
Trucy-Burais.
Viale.
Warrain.
de Verclos.
Comtesse de Villechaize.
Marquise de Trans.
de Villepey, Maxence.
de Verville.
Verdier.
Vernet.
Vandel.
de Village.
Vidal-Engaurran.
Vaccaro.
Verny.
Vidal, Numa.
Vallat.

Mesdemoiselles :
Vaccaro, Elise.
Verny.

BUREAU DE LA PRÉSERVATION DU REFUGE

EN 1900

Présidente :
Madame AGARD.

Trésorière :
Madame BIZARD.

Conseillères :

Mesdemoiselles :
MICHEL-COLOMB.
AUTRAN, Léonie.

Mesdames :
BÉAU, Arthur.

Mesdames :
DE ROUX.
PARROT.
MARTIN-MOUTTET.
DE MARIN DE CARRANRAIS, François.

PRÉSERVATION

Mesdames :
AGARD.
ANCEY.
ANDRÉ.
ARNAVON.
AILHAUD.
AUBAN.
AUDOUY.
Comtesse ARMAND.

Mesdemoiselles :
ARMAND.
AUDIER.
D'AUTHIER DE SISGAU.
AUTRAN, Léonie.
DE BARBARIN, Elise.
BARILE.
BERGASSE.
BŒUF, Félicie.

Mesdemoiselles :

Bonnasse, Marguerite.
Boyer.
Bellissen.

Mesdames :

Berger.
Beau, Arthur.
Bourellx.
Bénet.
Bizard.
Baron.
Berthoz.

Mesdemoiselles :

Bonniot.
Cayol, Marie.
Caussemille, Marie.
Cambiaggio.
Couret, Camille.

Mesdames :

Cantini.
Caillol de Poncy.
Dumon.
Decormis.
du Chaffaut.
Dugout-Bailly.
Donnadieu.
Dufay, Jean.
Dubois.

Mesdemoiselles :

Dromel.
Decormis, Louise.
Dubosc.
Durbec.
Fabre, Léonie.

Mesdames :

Fabre-Luce.
Fournier, Frédéric.
Fournier, Félix.
Fournier, Paul.
Galinier, Félix.
de Greling, Albert.
Gueydan.
Gardair.
Gavoty, Charles.
Gavoty, Alban.

Mesdemoiselles :

Guès.

Mesdemoiselles :

Guérin, Marie.
Héraud-Chabert.

Mesdames :

Hains, Eugène.
Veuve Jacques.
Jogand.
Veuve Jullien.
Legré, Edouard.

Mesdemoiselles :

Lambert.
Laugier.
Limozin, Thérèse.
Lombard, Madeleine.
Lion, Marie.
Labadié.
Michel-Colomb.
Marcorelles, Marie.
Mottet.
Michel.
Martin, Gertrude,

Mesdemoiselles :

DE MARIN DE CARRANRAIS.
DE MOUGINS - ROQUEFORT, Jeanne.

Mesdames :

Veuve MICHEL.
DE MALIJAY.
MASSOT.
MÉRENTIER.
Veuve MOTTET.
MARTIN-GUÉRIN.
DE MARIN-DE-CARRANRAIS François.
Veuve DE MARIN DE CARRANRAIS.

Mesdames :

Veuve MENDEVILLE.
MAZAN.
MOUREY.
MERLE.
MICHEL-LAPIERRE.
MAX-PICHAUD.
PRAT.
PÉCHIER.
PERRIN.
PEIRRON.
PARROT.

Mesdemoiselles :

PLACE.
DE REY.
RANQUE, Joséphine.
DE ROUX, Nathalie.
RASTOIN, Marthe.
RAYNAUD-DE ROUX.

Mesdames :

RAYNAUD, André.
Veuve ROCCA.
ROSTAND D'ANCEZUNE.
ROBERTY.
ROLLAND-GIGANDET.
ROUBAUD.
Veuve REYNARD.
RÉGIS-BONNASSE.
REGGIO.
RAYNAUD-DE ROUX.
DE RAVEL D'ESCLAPON.
DE ROUX, Henri.
Veuve RICHAUD.
RONDEL.
ROLLAND.
RAYNAUD, Alfred.
ROUSSIN.
ROSSAT.
ROUSSET-ROUVIÈRE.
SAURIN.
Veuve SALLONY.
SEUX-JAUFFRET.
SAMAT.
SAVY.
TAVERNIER.

Mesdemoiselles :

TARDIEU.
SAMION Régine,.
THÉLÈNE, Amable.
TAXIL-FORTOUL.

Mesdames :

VIGNAT.
WARRAIN, Arthur.
DE QUEYLARD, Charles.

RECTEURS

DE LA MAISON DES FILLES REPENTIES

1754   M. Fr.-Blaise de BLONDEL.
1758   M. Pierre-Barth. de GROSSON, *avocat du Roi.*
1759   MM. Jean-Bapt. BOURRIER et Joseph-Pierre de JOBLOT.
1761   MM. Etien. de SYLVABELLE et Alexand. LESBROS, *négociant.*
1762   MM. F.-Lazare de CAMPOU, *écuyer*; Jean-Ant. MESTRE, *seigneur d'Aigalades.*
1764   MM. Claude IMBERT et Laurent-Fr. GRAVIER.
1765   M. Jean-Fr. d'ISNARD, *anc. maire.*
1766   M. Jean-Fr. CLARY, *anc. échevin.*
1767   M. Simon ROLAND, *anc. échevin.*
1768   MM. Joachim-Elzéar GUITTON de MAZARGUES, *anc. maire*; Honoré-César RIGAUD.
1770   MM. Pierre SAYRAS et Joseph MIRAILLET; BORÉLY-TELMONT.
1772   M. L. FERRARY, *anc. échevin.*
1773   MM Ant. LANTIER, Honoré GAZAN et J.-Jacques SALVA.
1774   M. Ant.-Paul CHARBONNIER.
1775   MM. J.-B.-Ignace ROUX, *écuy.*, et Honoré FERRÉOL.
1777   MM. J.-F. REYNIER-MANOLY, J.-Mat. BARBARIN, Jean-Fr. CABLAT.
1779   MM. Louis-Fabien GILLY et Jean-Nicolas GIMON.
1780   M. Simon-Joseph CROZET.
1784   MM. Benoît Innocent de CANONGES, Jean-Bapt. CONSTANTIN, Louis-Jos. LATIL, André MICHEL, Balth.-Antoine REY, Joseph THULIS.
1787   MM. Etienne DANTOINE, Jean PELLEGRIN, Pierre REYNAUD, *chev. de S.-Louis*, Victor-Jos. VERDIHON, *anc. échevin.*
1788   M. Jean-Louis MILLOT, aîné.

PRÉSIDENTES

DE L'ŒUVRE DU REFUGE DEPUIS 1820

1820 Mme d'Hautefort, baronne de Damas ;
1829 Mme la marquise de Montgrand.
1837 Mme Barbarin Cailhol.
1844 Mme Canaple-Chave.
1854 Mme Albrand-Martin.
1867 Mme Péchier-Rain.
1879 Mme Gavoty de Barbarin. (1)

(1) 1886 Mme Agard succède à Mme Gavoty de Barbarin.

Marseille. — Imprimerie Marseillaise, rue Sainte, 39.

www.ingramcontent.com/pod-product-compliance
Lightning Source LLC
LaVergne TN
LVHW051500090426
835512LV00010B/2245